人間巧喻

依空法師　著

自序

佛教文學是佛教的一大寶藏，富禪意的詩歌，含文獻價值的碑銘，帶小說性的變文，使佛教精微的教理，親切地為大眾所接受。佛學普遍化、大眾化，是歷代祖師們弘化的心願，而佛學的文學化、藝文化，則是水到渠成的自然成就。

其實，早在印度的菩提樹下，佛陀已經思考過這個問題，佛陀因此創立十二分教，作為他的教育方法。其中大量地使用譬喻、故事、寓言，在日常熟悉的事例之間，自然親切地了透生活的實相。五十年間，佛陀不厭其煩的說《譬喻經》、《雜喻經》等，這些智慧遍布在浩瀚的三藏經典之中，跨越時空，對於現代忙碌躁動的人心，仍然深具啟迪迷惑的妙用。靜夜撫案展讀，不禁為那一則一則契理契機、直指人心的譬喻故事所深深感動，心想如何把這些譬喻白話化，和十方大眾共享一缽的醍醐妙味。

多年前，承蒙時為《台灣新聞報》副刊主編鄭春鴻先生的好意，開闢「人間巧喻」

專欄，連載年餘，幼獅文化事業公司曾將它編輯出書，讓更多的人能夠從善巧的譬喻故事中，去體認人間世，觀照人間情。後更摘取其中三十則，附以精緻插畫，定名為《尋找智慧的活水》，發行全國各中學，並得到全國青少年優秀讀物獎。佛光出版社將此書共七十六則，收入《中國佛教經典寶藏精選白話版》系列之中，中國大陸團結出版社則以簡體字發行當地，讓彼岸的有緣人也有親近佛法的機會。聯合大學進修推廣部文創系客語老師陳美蓉女士更將此書譯成客語正式出版，以饗客語閱讀群眾。近日佛光文化事業有限公司擬將此書重新編輯付梓，加上慧人法師富含禪意的繪圖，以收圖文並茂的閱讀效果。

其實這些短短的「巧喻」，是在忙碌的工作空暇中急就成章，內容之掛一漏萬，可想而知。當時因為工作的關係，經常需要奔跑於高速公路上，甚至往返於海峽兩岸，這些短短的篇幅，或在會客、上課間隙，或在旅館房間、機場候機時草率塗鴉。記得有一回在吞雲吐霧的南京機場等待班機，取出隨身攜帶的稿紙，盤腿趺坐，以膝蓋做桌子，埋首寫起來。有個大陸乘客突然發現新奇大事似地對我說：

「咦！師父！你的文化水平不錯嘛！竟然也會寫文章！」

我只好報以彌勒菩薩不垢不淨的歡喜笑容，隨行的人都說我熱鬧場中當道場，有禪定工夫。

佛陀的每一個譬喻就像一串剔透的水晶琉璃，讓人愛不釋手，希望自己這一把拙刀不致斲傷它的光芒！

佛教文學是近來方興未艾的領域，譬喻是佛教寓言文學、兒童文學創作的豐沛素材，未來必有可期的成果展現。「人間巧喻」，只是人間塵事的一法而已，尚有許多的人間萬象值得去探索發掘。因指見月，權借譬喻之善巧方便，讓我們每個人都能見到自己的人間菩提。

佛光山　依空

二〇二五年三月一日

目次

大象像什麼？

印度有一位國王叫做鏡面王，有一天鄰國進貢一匹身軀壯碩、毛色光潤的大象，大家圍著大象，品頭論足一番。國王很歡喜，於是把宮中一群眼盲的按摩師召集在一起，讓他們分別以手去觸摸大象的身體，然後要他們各自說出心目中大象的樣子。

這群從未見過大象為何物的盲人，果然以他們敏銳的手指，認真而仔細地撫摸大象。有一位摸到大象鼻子的盲人，驚喜雀躍地大叫：

「哇！原來大象長得像彎彎曲曲的轅木呀！」

另外一位盲人摸到大象堅硬溫潤的牙齒，馬上斬釘截鐵反駁道：

「不對！大象的樣子像舂米搗衣用的杵棒。」

有一位盲者摸到了大象的耳朵，只見他小心翼翼、輕輕巧巧地沿著寬寬大大的耳朵周緣，摸了一圈，然後神情慎重篤定地說：

「嗯！大象肯定長得像個裝盛穀物的畚箕。」

「不對！不對！大象就像寺院裡信徒們焚香祈禱的三足寶鼎。」摸到大象優美弧

度的頭顱的盲者，著急地搖頭否定。

「你們都錯啦！象既不是轆木杵棒，更不是畚箕爐鼎，你們看！牠就像凹凸起伏的小山丘。」摸到象背的盲人說著。

「瞧你們說得天花亂墜的！其實大象什麼也不是，牠就像一面厚厚寬寬的牆垣。」摸到大象平坦柔軟的腹部的盲者理直氣壯地發難。他的話才一說完，另外一位摸到大象粗壯的大腿，無限憐惜地說道：

「大象的樣子就像一棵綠葉滿蔭的老樹，你們摸摸看！牠那摺疊的皺紋正寫盡歲月的滄桑。」

「喔！你說大象如老樹，依我

看，它倒比較像一根大柱子。」摸到大象胳膊的年輕盲者漫不經心地唱著反調。

「大象像個搗藥用的石臼。」摸到大象足踝的盲人淡淡地說。

「各位年輕人！你們都偏差了，大象就像一條麻繩編織而成的長鞭。」一位摸到大象尾巴的花甲老人，以權威的口吻說著，空洞呆滯的眼睛，漾著一眶的堅持。

國王在一旁看到盲人各執其是，爭論不休，拍手哈哈大笑道：

「各位仁者！你們都大錯特錯了，你們摸到的只是大象身體上的一小部分，大象不是鞭子、柱子、石臼、老樹、牆壁……，大象就是大象。」

這則小學生們也耳熟能詳的「瞎子摸象」的譬喻，出現於佛教的《長阿含經》。這則譬喻告訴我們世間的現象雖然有千差萬別的差異性，但是它的本體是圓融的統一性，而我們常人往往執取部分為全部，不能圓融觀察世間的整個實相，好比瞎子以偏執狹隘的心眼來觀察大象，看到的只是大象局限性的部分，而不是大象全然的整體。佛教的華嚴哲學有一「隱密顯了俱成」的思想，譬如秋空片月，晦明相並。懸掛在秋夜的上弦月，我們雖然只能看到明顯的一小片光明，但是隱密不明的大部分並沒有因此消失，只是因為我們缺乏朗朗的慧眼，無法看到罷了！我們應該培養一顆全觀、全見的心來觀照宇宙的萬象，不以邊見、偏見來看世間的一切，才能隱顯無礙、表裡如一，看出萬事萬物的本來面目。

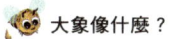

五指的爭議

佛教有一種修持方法叫做隨喜功德，意思是看到別人比我有辦法，比我有輝煌成就，不但沒有嫉妒、憤恨的心理，反而能夠人我互易，以別人的成就為自己的成就，以別人的歡喜為自己的歡喜。同根的豆萁尚且相煎，同胞的兄弟反目相殘，隨喜功德雖在一念之轉，卻也千難萬難。

有一天，五根手指頭聚集在一起，召開重大的會議，討論誰是真正的大哥。大拇指首先發言說：

「如果要比大，我才是真正的大哥。你們看！五根手指頭當中，我排行第一，我最粗大，當人們讚歎某人最優秀的時候，總是翹起我，因此我是大哥。」

大拇指的話才講完，食指馬上迫不及待的搶著說道：

「我們兄弟之中，屬我最重要。中國話說：民以食為天。民生問題，是每個人每天必須面對的大事，飲食不能解決，個人會因為營養不良而致病死亡，國家則會因為饑荒而成為亂邦，乃至滅國。況且當我這根食指如果大動的時候，就可以大快朵頤，有美食可吃了。人們在煮菜烹調的時候，總是以我食指來品嘗食物，因此我應該最大。另外，當人們問路的時候，通常用我來指明方向。我有如此多種的功能，最有資格當你們的大哥囉！」

聽完了食指的長篇大論，中指不以為然的搶白：

「哼！你們兩位不要不自量力了，儘往自己的臉上貼金。大拇指你長得又矮又胖，食指你常常亂動，一點也不穩重威儀。哪像我長得最適中，站在最中間，你們就像眾星拱月一般圍繞著我。另外，我長得最修長，好比將帥統領群兵，白鶴立於雞雉之中，因此我才是大哥中的大哥。」

耐著性子聆聽中指自得其滿的演說，無名指終於無法忍耐，霍地一聲站了起來，趾高氣昂地大聲說：

「你們各位都自吹自擂說自己多麼了不起，多麼偉大，其實我才真正最偉大。你們聽說過『無名乃大名』的古訓嗎？無以為名，以無為名，故為大名。我無名指豈是世間的符號名相可以局限的，因此我比你們都大。還有當人們舉行訂婚結婚的儀式，最愛把金戒指、鑽石戒指套在我的身上，我是多麼的有分量，大哥的位置當然非我莫屬了。」

四個手指頭爭著要當大哥，彼此誰也不禮讓誰。正爭得不可開交時，突然發現小指頭坐在一旁，一語不發，一副神閒氣定的老僧模樣。四指異口同聲問道：

「咦！小指老弟！你怎麼不說說你的想法？難道你不想當大哥嗎？」

小指悠悠閑閑地迴視四指，慢條斯理地說：

「各位大哥！你們每一位都有顯赫的成就，在各位面前哪有我小指頭說話的餘地。不過，當我們雙手合十拜佛，或者向人打躬作揖問好的時候，我最靠近真理和對方。」

小指的一番話，驚得四指瞠目咋舌，無言以對。

偉大，不在形狀的大小，甚至也不在功能的多寡。壓抑對方、自讚毀他，以突顯自己的偉大，容易流於自我膨脹，而不是真正的偉大。在真理之前懂得謙沖自牧，對自己的渺小知道謙卑，才是不自大而偉大的人。

三重樓閣

有一位富翁，雖然有萬貫家財，但是卻缺乏才智聰明。有一天，他的朋友蓋了一幢大樓，舉行落成完工的典禮，就邀請這位富翁前去觀禮。

這幢樓房一共有三重，建築得美侖美奐，高廣軒敞，極為華麗。朋友帶著觀禮的客人一層一層的欣賞，只見第一層樓建築得錯落有致，迴廊圍繞，花影飄香。第二層樓比第一層樓更為美麗華貴，屏扇桌椅的擺設，都可以看出主人的高雅品味。客人們個個看得目不轉睛，口中卻不絕的讚歎。到了第三層樓，大家驚異地屏住了呼吸，只見這第三層樓山楶藻梲，重重華鬘，層層欄楯，極盡莊嚴，人間難得一見，客人們瞠目結舌，無法言喻。

富翁欣賞了朋友的三層樓之後，心中悻悻然，心想：我和他一樣有富甲天下的財物，他能建築這麼豪華的三層樓，我為什麼不能呢？主意打定，於是把建築這幢樓閣的工匠找來說：

「某某人的三層樓是不是你建的？」

「沒錯！是我的精心傑作。」

「你能不能依照它的藍圖，為我建築一模一樣的三層樓呢？」

「沒有問題，一定讓你滿意。」

工匠第二天就找來一批工人，開始挖掘地基、壘塹，準備大興土木，把三層樓建築起來。恰巧富翁巡視經過，看到一群工人正在挖地，疑惑萬分地對工匠說：

「你們為什麼挖地呢？」

「咦！地挖得深，才能建高廣大樓呀！」

「我只喜歡那第三層大樓的設計模樣，你只要為我建第三層樓就行了，何必要如此煞費周章呢？」

「沒有第一層、第二層樓做基礎，怎麼能興建第三層呢？縱然蓋得起來，也是一幢禁不起風雨飄搖的建築呀！」

「怎麼蓋不起，你只要有幾根木頭支撐著，上面就可以蓋第三層樓了。」

工匠一生為人興建許多的大樓，從沒聽說不打地基而憑空建樓的新鮮事，看到富翁執意不變，只好依照富翁的意思，打下木條，架空興建那莊嚴而沉重的第三層樓。

三個月後，第三層樓果然如期建好了，富翁雀躍萬分，發下帖子，也請他的朋友來參觀第三層樓。朋友們看到搖搖欲墜的三層樓，都害怕地裹足不前，只有富翁一個人興致勃勃地向人炫耀他的獨到巧思，並且舉家都遷入居住。這幢只有第三層的樓閣，後來終於承受不起重量，遭遇一場驚天動地的地震後倒塌了，富翁也被埋在他心愛的第三層樓的斷垣殘礫堆中，留給世人一段省思與喟嘆！

這則譬喻故事收錄在佛教的《百喻經》。古人有句話說：「萬丈高樓從地起，英雄何論出身低。」有時我們羨慕別人事業有成，學問淵博，也很想像這些企業大亨、學者專家一樣，一夕致富，瞬間成名。我們往往只看到他們羽扇綸巾、談笑風生的風光面，而沒有注意到他們胼手胝足、寒窗苦讀的艱辛奮鬥過程。成功的事業，智慧的養成，需要血汗的付出與實際經驗的磨鍊。登高必自卑，行遠必自邇，沒有一蹴可幾的事功，缺少扎實地基的大樓是難以矗立晴空。反觀我們社會今日雖然有一些成就，更應該務實蓋好第一、二層樓，他日才能擁有富麗堂皇的第三層樓。

最美的孩子

有一個獵人到森林裡去打獵，他沿著清淨鑑人、纖塵不染的溪流走入森林裡，只見林中樹木蓊鬱蒼翠、高聳參天，遮蔭出一片清涼靜謐的桃源世界，沒有塵囂的吵鬧熱惱。各種各樣的動物徜徉其間，雄武勇猛的獅虎、龐大溫和的大象、矯健善行的飛馬、機伶敏捷的猴子……還有身披豔麗羽衣的各種飛禽，棲息枝頭，競相引吭高歌。牠們遵守著森林中的軌則，相安無事，共生共存於森林裡，但是獵人的到來，卻破壞了牠們和諧安寧的生活。

獵人揹著長長的獵槍，睜著鷹隼般的眼睛搜索他的獵物，長靴踏在密密厚厚的落葉上，發出「沙、沙」的響聲，彷彿一聲一聲的警鐘。獵人走呀走的，突然看到一隻羽毛漆黑的烏停歇在一株灌木樹上，正敞開喉嚨在唱歌，看到獵人經過，趕忙飛躍到獵人面前：

「喂！獵人！你要到哪裡去啊？」

「我要到林中去打獵呀！」

「我看你的槍法神乎其技，百發百中，一定有豐碩的收穫。我想請求你一件事，林中有許許多多珍奇的飛禽走獸，你都可以捕捉，但是請你千萬不要殺害我的孩子。」

「天下慈母心，我答應你的請求。但是我不認識你的孩子，我如何去避免悲劇的發生？你們又是什麼鳥類呢？」

「我們的族類叫烏鴉，天下羽毛最光澤、歌聲最悅耳的鳥就是我的孩子，我的孩子是世界最美的鳥。」

「你放心，我一定遵守諾言，不殺害你的孩子。」

烏鴉放下忐忑不安的心，唱著輕悅的歌飛走了。獵人繼續他的搜尋，腦際裡迴盪著烏鴉的話：

「世界最美麗的，就是我的孩子。」

獵人一面思索，一面尋找，突然眼前一亮，一隻戴著寶冠的鳥正悠閒自在地舒展著身子，一身扇狀的羽毛光彩奪目，叫人不忍離開視線。獵人舉槍正待射出，驀然想起對烏鴉的承諾：

「這隻鳥如此美麗，一定是烏鴉的孩子，我不能殺牠。」

為了遵守諾言，獵人只好放棄美麗的獵物，悵然間，轉頭一看，枝上有一隻輕盈

小巧的鳥，從這個枝枒跳到那個枝枒，和著吱吱唧唧的妙音，舞出一片碧綠的光點。獵人心想：

「這隻鳥輕歌曼舞，如此可愛，一定也是烏鴉的孩子，看來今天只好空手而回了。」

正待舉身離去，突然看到一團烏黑的東西，發出嘎嘎的怪叫聲，衝著獵人迎面撲來，獵人一驚，天下有如此醜陋的鳥，毫不遲疑一槍射中。獵人俯身正要拾起自己的斬獲，烏鴉卻飛到跟前，傷心欲絕的指責道：

「你不是答應我不殺我的孩子嗎？你怎麼可以言而無信，出爾反爾呢？」

「我是答應不殺害你美麗的孩子，但是這隻鳥如此難看，怎麼可能是你的孩子呢？」

「在天下父母的眼中，他的孩子永遠是最美麗的。」

世間有許多醜陋的人、醜陋的事，我們多用一點慈母的愛心，去包容它，接受它，必然能轉醜陋為美麗。在母親的眼中，無論如何智障缺陷的孩子，永遠是千金不換的至寶；我們的社會也有許多的弊病，如果大家能夠多一分慈母關愛而不嫌棄的心，一定能使我們的社會更為健康安詳。

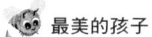

富有的處罰

有一隻血統純良的狼犬，年輕的時候，長得英挺雄勁，深得主人的喜愛，陪著主人打獵，照顧主人門戶，倒也建立不少功勞，主人給牠取了個「來樂」的名字，可是等到牠年老力衰，加以染上一身的癩痢，便遭到主人一家的遺棄，只好餐風飲露，流浪街頭，到垃圾堆中、餿水桶邊，找尋被廚師遺漏的肉渣骨骸。

連續三天，來樂已經不曾進食任何東西了，牠拖著乾癟的肚子、無力的步伐，以牠唯一敏銳的嗅覺，努力地尋找食物。突然一陣撲鼻的油炸香氣，隨風飄送過來，來樂頓時睜大金星直冒的雙眼，興奮地循著香氣找去，原來是一家肉鋪，門口高高地懸掛著布簾子，上面繡著斗大的四個大字——老王肉鋪。

來樂興奮地來到老王肉鋪前面，把前面的雙腿伸進肉鋪門內，後面的雙足趴在門外，滿臉期盼地望著老王，希望能夠得到一片小小的香肉，餵飽轆轆的飢腸。老王圓胖的雙頰泛著油膩的紅光，吆喝著夥計，招呼上門的顧客，忙碌間，忽然看到一隻滿身癩痢的狗，擋在門口，老王氣急敗壞，拿起一根粗大的木棍，狠命地朝來樂身上毒打下來。打得來樂皮開肉綻、骨拆筋斷，奪門逃命。

來樂一跛一跛地來到縣衙，擊鼓控告老王的殘暴行為，縣太爺不得已只好把老王拘提來辦，讓來樂和老王彼此對簿公堂，縣太爺撫尺一拍，大聲喝道：

「來樂！你為什麼控告老王？」

「我控告他不守君子之禮，對我施加暴力。」

「老王！你曾經對這隻狗動粗嗎？」縣太爺轉臉對著一臉沮喪的老王問道。

「報告縣太爺，小民的確動手打過牠，因為牠阻礙我做生意，一時情急才施加棒棍。」

「來樂！你阻礙老王的生意，你憑什麼罪名控告他呢？」

「我遵守我們狗的規矩向他乞討，他不但沒有施捨我殘羹剩飯，還對我一番毒打，因此控告他。」

「咦！什麼是狗的規矩？」縣太爺興趣盎然地問。

「過去我在主人的家裡，隨意的出入、跑跳、躺臥、進食，主人都很鍾愛我。今天，我到別人的家裡乞討，我只把前腳和頭伸進屋內，把後腳和尾巴放在門外，並沒有胡亂闖蕩、任意破壞，如此堅守規矩，難道也犯法嗎？」

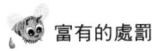

「依你之見，倒也言之有理。好！你認為應該如何懲罰老王？」

「罰他做本城的大富翁。」來樂不假思索地回答。

「他打你，難道你一點都不記恨，為什麼還要獎賞他做大富翁，不是讓他更逍遙法外了嗎？」縣太爺疑惑地問。

「我的前世也是一位大富翁，仗著有錢有勢，胡作非為，極盡奢靡，不知道布施天下蒼生一些愛心和慈悲，因此才落得畜生的果報，受盡人間的炎涼。現在我請求您處罰老王為富豪，讓金錢來腐蝕他的善良本性，讓權位來遮蔽他的良知良能，以後他就會和我一樣，遭遇悲慘的下場。」

金錢本來是非善非惡、無記性的東西，可以是罪惡的淵藪，也可以是濟人的淨財，端看我們如何以智慧去運用。好比拳頭可以拿來惡意的打人，也可以拿來善心的搥背，運用存乎一心、智愚之間。有錢是一種福報，而懂得恰當地用錢卻是一種高度的智慧。

平等無爭的判決

過去有二個毗舍闍鬼，他們共同擁有一口竹箱、一根木杖、一隻鞋子，但是他們經常為了財產所有權的歸屬問題，竟日怒目相向，爭吵不休。有一天，二個毗舍闍鬼又為了爭東西而互相叫罵：

「這些東西是我先發現的，應該歸我所有。」個子矮小的鬼理直氣壯地吼著。

「我是前輩，長幼有序，依照我們鬼界的規矩，這些箱子、杖子、鞋子，應該孝敬老子我。」年紀較大的鬼倚老賣老的說。

兩個鬼正吵得不可開交的時候，一個人恰巧經過，看到兩個鬼為了破篋壞屐而大打出手，甚為納悶，滿臉疑惑問道：

「咦！奇怪！這個竹編的箱篋已經腐朽不能裝載東西，這根木製的手杖也不能支撐身體，至於這隻木屐鞋子，更不能穿著行走，它們究竟有什麼奇異的功能，使兩位大哥如此的爭吵，勢在必得呢？」

「哈！這你就不知道了，說到這三樣寶貝，神奇可大了。這個竹箱子，你想要什麼漂亮的衣服、美味的食物、值錢的珠寶，只要對著它呼叫，它便會傾箱倒篋地吐出來，滿足你的需求；這根手杖是天下無敵的利器，有了它，便無敵不摧，所向披靡；這隻破鞋子就更不可思議了，穿了它，可以翱翔天際，誰也抓不到你了。」兩個鬼異口同聲地搶著回答。

這個人聽了兩個鬼的一席話，怦然心動，但是表面卻若無其事地淡淡說道：

「你們兩位整天如此地爭吵也不是辦法，這樣好了，我來為你們做一個公正的評判，決定這三件寶貝應該屬於誰享有，不知兩位意下如何？」

「好極了！聽說你們人的智慧比我們鬼高超，心地比我們鬼慈善，如果能借用你的智慧，一定能夠很平等無私的判決這些寶貝的所有權。」兩個鬼充滿信任地懇求著。

「呵呵！既然你們如此的相信我，現在請兩位向後退幾步，我好方便將這些稀世難得的寶貝平均分配給你們啊！」這個人臉上閃爍著詭異的笑意。

毗舍闍鬼聽到人的建議，趕忙往後退了幾尺，這個人就在兩個鬼退後的時候，突然迅雷不及掩耳地抱起竹篋，抓著枴杖，穿上木屐，向空中飛騰逃逸而去。兩個鬼看到人誆騙了他們的寶物，氣急敗壞地大罵：

「你這個騙子，你不是承諾要為我們公平分配寶貝嗎？怎麼可以言而無信，欺負我們鬼的善良，巧取豪奪呢？」

「哈哈！兩位為了這些東西整天反目成仇，爭鬥不已。我為了讓你們永遠沒有爭執，只好委屈我自己代為保管這三件寶貝囉！現在你們誰也得不到任何寶貝，這不是平等無爭的判決嗎？哈哈！謝謝兩位了！」人很得意地帶著寶物飛揚而去，留下兩個毗舍闍鬼互相瞪著眼睛。

這則譬喻記錄於佛教的《百喻經》，它告訴我們唯有捐棄私心，彼此包容謙讓，才能圓滿有所得；一味貪婪執取，不知自他互易，共容共存之道，必然如鷸蚌相爭，兩敗俱傷。這則故事另外給我們深切的啟示：地獄裡的鬼魅幽魂固然可怕，但是心懷鬼胎的人，甚至比鬼道眾生還要猙獰醜陋。這世界究竟有多少此等人間鬼魅的眾生呢？

夫妻爭餅

有一對年輕的小夫妻，雖然新婚燕爾，卻也彼此互不相讓。隔壁鄰居為了表示祝賀，特別烘烤了一種糕餅，送給了小夫妻。夫妻倆吃著酥脆可口的餅，你一片，我一塊，大快朵頤，吃得津津有味。吃呀吃的，一盤的餅只剩下了一塊，兩人都伸手爭著去搶，小丈夫就說了：

「我是一家之主，這個家靠我支撐生計，這餅應該歸我吃。」小妻子聽了，不甘示弱地說：

「這個家裡裡外外，哪一樣不是靠我打點的，我才有資格吃餅。」

夫妻倆脣槍舌劍，你來我往，劍拔弩張，僵持不下。

丈夫眼看妻子如此堅持，心生一計，詭異地笑道：

「我們兩個人既然都如此想吃這塊餅，這樣好了，我們來打賭，彼此對看不許出聲，如果誰先開口講話，誰就輸了餅。」

小妻子聽了，為了爭一口氣，馬上斬釘截鐵說道：

「好！賭就賭！」

夫妻倆於是圍著桌子對坐起來，吹鬍子，瞪眼睛，彼此誰也不讓誰，一幅「相看兩不厭，只有敬亭山」的詼諧模樣。兩人從早上對坐到中午，從日正當中對看到日薄崦嵫，為了一塊餅，更為了一分愚昧的堅持、可憐的自尊，不管飢腸轆轆，也不離座炊煮進食。看得太陽搖頭嘆息隱入西山，一彎月牙悄悄爬上天際，憐憫地照拂著這對愚痴的小夫妻。

夜，靜悄悄酣睡著，只有小夫妻認真地對坐著，偶爾發出一兩聲厚重的鼻息。突然間，木製的門扉有了聲響，一個小偷小心翼翼地爬窗而入，睜著一雙骨碌碌的鼠眼，搜索著他的獵物，冷不防發現廳中坐了兩個人，趕忙收回了身影，屏息觀察，咦！沒有動靜，原來是兩個木頭人。小偷鬆了一口氣，膽子壯大起來，從臥室、客廳到廚房，把新婚夫妻的妝奩家當、金飾財物都囊洗一空，並且打開櫥櫃，取出酒菜佳肴，坐在小夫妻之間，大口大口地吃將起來。小偷酒足飯飽之後，拎起裝滿寶貝的袋子，正待離去時，覷眼一瞧，嘿，這個女的長得有幾分姿色，飽暖思淫欲，惡向膽邊生，動手動腳調戲起小妻子。

小妻子眼看家中財物被洗劫盡淨，自己還遭遇了非禮，終於忍不住大喊：

「有賊喲！有賊喲！快來抓賊呀！」

小偷嚇得拔腿鼠竄，落荒而逃。這時小丈夫卻得意地拍掌大笑道：

「哈哈！你先開口說話了，這塊餅輸給我囉！」

這則故事出自佛教的《百喻經》。我們平時忍苦、忍樂、忍冷、忍熱、忍飽、忍餓、忍貧、忍無，都還容易，但是要忍一口氣，可就困難了。一口氣忍不下，恩愛夫妻可以反目成仇，對簿公堂；一口氣難平息，多年朋友可能割席絕交，形同陌路。報載一對夫妻結褵三十年，不曾交談一句，誰要是先打招呼，誰就屈居下風，為了爭一口氣，誰也不願先開口，平日只好仰賴小兒女互通消息。又如故事中這對小夫妻，為了爭一塊餅，賭一口氣，因小失大，丟了錢財，賠了夫人，最主要的是遺失了智慧。從更高的智慧來看，世間的一切爭執是那麼的愚痴可笑，忍一時氣，風平浪靜；退一步想，自有峰迴路轉的勝境，謙退禮讓，才能贏得彼此的尊重。「手把青秧插滿田，低頭便見水中天；身心清淨方為道，退步原來是向前。」退步才是真正的向前！

鞭背治瘡

在佛教的《百喻經》中，有一則警諷世人愚昧的故事。

在印度有一位富有但是缺乏智慧的農莊主人，一日進城去拜訪多年不見的摯友。他的朋友在皇宮裡當侍衛的官職，因為違逆了國王的心意，受到笞打的處罰，背部被皮鞭抽打得皮開肉綻、鮮血淋漓。

農莊主人到達朋友家裡的時候，正好碰到朋友叫家人拿馬糞貼在背部，治療血肉模糊的傷口，他一臉納悶問道：

「你的背部被馬鞭打得稀爛，為什麼還在傷口上面塗了一層厚厚的馬糞呢？」

「因為熱氣騰騰的馬糞可以消毒，使傷口很容易癒合，因此馬糞雖然臭氣薰人，不得已仍然要塗抹。」

農莊主人高興極了，自以為得到祕密的智慧寶藏，歡欣愉悅地回到了家裡，把家裡的僕從都集合到大廳，神情詭異，故作神祕地對大家說：

「我今天進城去探望朋友，想不到無意間卻得到曠世的寶貝祕訣，真是太稀奇了！」

「主人！你是不是得到寶藏藍圖啦？」

「主人！你不是找到地下皇宮的通道吧？」

僕人們七嘴八舌地胡亂猜臆，發揮各自浪漫的想像力。農莊主人不耐煩地揮揮手說：

「都不是！你們不要亂猜，現在去拿一條皮鞭過來，我馬上把寶貝告訴你們。」

僕人依言拿來一條又粗又長的皮鞭，主人把上衣脫掉，裸露出細皮嫩肉的背部，指著一臉迷惑的年輕僕人說：

「來！你用皮鞭抽打在我的背部，愈用力愈好，最好打得血肉斑斑、體無完膚，我重重有賞。」

僕人一聽，驚愕不已，躊躇不敢下手，深怕冒犯了農莊主人。主人一看僕人遲遲不動手，盛怒大罵：

「好個不知好歹的東西，膽敢不聽我的使喚，你給我好好地毒打背脊。」

驚弓之鳥的僕人，抓起皮鞭，如雨天曼陀羅華般地死命打在主人的背上，肥胖雪白的背脊頓時現出一條一條燒炙般的鞭痕，殷紅的血泌泌地流出，嚇得一室的僕僮一臉的慘白，但是主人卻洋洋得意，忍著刺烈的痛苦說：

「去馬廄拿些馬糞來，把它塗抹在我的背上。」

僕人不得已只好抓起一把辛辣刺鼻的馬糞，小心翼翼地貼在主人的背上，主人睥睨著面面相覷的大家，驕傲地炫耀說：

「你們大家看！這馬糞真是天下第一神奇的靈藥！塗了它，我背上的潰爛就能痊癒。這就是我今天得到的稀世智慧，現在毫無保留的把它傳授給你們，你們以後也可以如法炮製。」

有時一件事情適合甲，不一定適合乙；一個制度法規適用於某一個國家團體，不一定適用於其他的國家團體。每一個人應該忖度自己的條件，考量自己的狀況，而不是看到別人有好處，趕時髦，學風尚，就依樣畫葫蘆，盲修瞎鍊。有時模仿不當，徒然東施效顰，貽笑大方；更有甚者，如果因此而失去真實本然，更是愚昧可憐！

誰最偉大？

有一天，我們臉上的眼睛、鼻子、嘴巴，突然激烈地對眉毛開起鬥爭會議。眼睛首先發難說：

「各位！在我們身體的六根之中，我最為重要，我眼睛為你們欣賞世間的彩色，觀看人情的冷暖。如果沒有了我，你們將活在漫漫的長夜裡，行進間步步陷阱，處處危機，但是這麼舉足輕重的我，竟然被安放在沒有用的眉毛之下，我不服氣！」

眼睛才憤憤不平地說完心中的怨懟，鼻子也站起來抗議道：

「眼睛大哥！你不要氣憤填膺，說到重要，我鼻子才最重要了。平常我鼻子為你們聞嗅人間的香臭百味，呼吸清新的空氣。佛經上說人命在呼吸之間，只要我一口氣不來，人的生命就如同風前殘燭，馬上幻滅，但是如此珍貴的我，還不是在一無是處的眉毛之下呢？你們大家評評理，我所受的委屈是不是更大呢？」

鼻子才說完滿腹的牢騷，嘴巴也迫不及待地大聲嚷道：

「兩位大哥，你們固然重要，我嘴巴也不是等閒之輩呀！平日我嘴巴要為你們說話，和別人進行溝通；肚子餓了，我要為大家品嘗珍肴美味，吸收營養，身體才能健康有力。如果我嘴巴不吃東西，大家馬上會飢餓而死，這麼重要的我，竟然排在眉毛的下面，你們說氣人不氣人。」

你一言，我一語，把眉毛攻擊得無法招架，眉毛只好怯生生細聲細語地說道：「各位大哥！真慚愧！我一無是處的眉毛竟然在偉大的你們上面，我沒出息，我應該下來。」

說完，眉毛就跑到眼睛的下面。大家一看，眉毛在眼睛下面，怎麼看怎麼不對勁。不得已，把眉毛又趕到了鼻子的下面，但是鼻子下面鑲上兩道彎彎的黑眉，非常的不勻稱，大家七嘴八舌的交相指責，眉毛不得已又本分地跑到嘴巴下面。這回毫無用處的眉毛終於合乎眾意，屈居下風，在五官的最下面。但是大家仔細端詳，眉毛不管在眼睛或者鼻子、嘴巴的下面，都顯得非常的突兀怪異，最後大家決議說：「眉毛雖然沒有用，還是讓眉毛到眼睛的上面，因為這樣子看起來才像個人。」

這則譬喻告訴我們「天生我才必有用」，眉毛看似無用，其實具有擋住汗水侵蝕眼睛的功能，尤其外觀上缺少了眉毛，便不成其為人，紋眉業也因此應運而生。眉毛雖然無用，以其無用，而成就人生外表觀瞻的大用。莊子在〈人間世〉中提到一棵巨大的土地廟神樹，把它拿來做棺槨則馬上腐朽，做舟船會下沉，做容器會毀壞，做柱子會長蛀蟲，如此一無是處的櫟社樹，由於不受人類的青睞，反而因此而免於斧斤的砍伐，而能夠綠樹成蔭，遮蔽牛群。因此，世間上沒有無用的東西，無用乃所以成其為大用。

佛教說這世間上有四樣小東西不可輕視：⑴星星之火，可以燎原。⑵小毒蛇身體雖小，奇毒無比。⑶小王子年紀雖然幼小，具足帝王的權柄。⑷小沙彌長大以後，能成為佛門龍象。因此我們既不必輕視別人，排擠別人，也無需自輕自貶，能夠尊重別人偉大的人，才是真正的偉大者。

懷珠求乞

《法華經》是佛教徒耳熟能詳的一部經典，它不僅教義精微圓融，中國佛教依據《法華經》因此而創立了天台宗；同時它也具有相當程度的文學藝術價值，特別是它膾炙人口的七喻，藉著精采的譬喻來詮釋生命實相，懷珠求乞是其中的一個例子。

有一個貧窮的人，窮得無以為生，不得已只好到城裡投奔有錢的親戚。這位親戚不僅富甲天下，並且高官厚爵，深受國王的倚重，最難得的是他宅心仁慈，樂以助人。親戚看到窮人來依靠他，叫僕人準備了一桌豐盛的酒席款待窮人。兩人把盞言歡，暢談別後狀況。窮人幾個月以來不曾吃到如此的美味佳肴，酒大口大口地喝，肉大塊大塊地吃，吃得酩酊大醉，不支倒地。

這時恰巧國王派人來宣召富有的親戚入宮商討國事，親戚看到爛醉如泥的窮人，雖然有心幫助他，可是怎麼也叫他不醒，而國王的使者又頻頻催駕。不得已，倉促間，只好叫人把一顆價值連城的寶珠，縫藏在窮人的破棉襖裡面，然後匆匆忙忙地趕往皇宮。

窮人酒醒之後，拿起親戚留在桌上的銀兩，踉踉蹌蹌地離去，過著浪跡天涯，餐風宿露的日子。沒幾年，把親戚贈送的銀子花盡，只好乞討為生，從這一村到那一村，從這一國到那一國，輾轉又來到親戚所居住的國家，這時窮人已經是個兩鬢如霜的垂垂老人了。

一天，窮人傴僂行於大街，伸出乾癟如柴的雙手，向過往的行人哀哀地乞討一日的溫飽。剛好富有的親戚乘馬經過，一眼望見落魄潦倒的窮人，於是叫侍從把他帶回家中，大惑不解地問：

「你怎麼會淪落到如此的地步呢？我不是支助你許多的錢財寶物，你可以拿它去經營生意，不就衣

食無缺，不愁過日子了嗎？為什麼會流浪街頭，如此狼狽呢？」

「你是給了我一些銀子，可是沒幾年我就用完啦！」

「咦！我不是給你一顆夜明寶珠，難道你把它丟失了嗎？」

「我不曾看過什麼夜明寶珠，也不曾接受你的餽贈。」

「我明明叫人縫在你的衣服裡面的，把你的棉襖打開來找看看。」

親戚憂急地脫下窮人的棉襖，拆開斷斷續續的縫線，從一堆充滿汗臭、蝨蟲的破棉絮中，找到一顆晶瑩剔透、閃閃發光的明珠，轉身對著滿臉驚愕的窮人說：

「你自家有寶藏，不知道去開發運用，卻懷抱著明珠到處去求乞，不是本末倒置，愚昧至極嗎？」

這則譬喻警示我們世人，人人本來具足清淨如明珠的本性真我，這本性真我有無限的功用能源，因此六祖惠能大師說：「何其自性本自清淨，何其自性本自具足。」而愚痴的我們卻不知道反求諸己，觀照自性，把內心的能源開採出來，反而一味向外追逐，汲汲營營，終其一生，好比窮人懷抱明珠，卻求乞異鄉。茶陵郁禪師有一首開悟詩說：

我有明珠一顆，久被塵勞封鎖。

今日塵盡光生，照破山河萬朵。

我們人人本來具足的一顆明珠，為什麼含藏不現？因為生活中的愛執塵埃蒙蔽了它的清明，透過生命烈火的淬鍊，去除層層的覆藏，才能塵埃盡淨，重現自性的智慧之光！

人生三十年

在警衛森嚴、陰風淒淒的閻王殿上，閻羅王威武地高坐在大椅上，兩旁的鬼卒，青面獠牙，手持刀劍戟叉，等待著執行他們替天行道、處罰奸惡的責任。閻羅王令旗一擲，不一會工夫，獄差鬼卒早已抓來一個鬼魂，匍匐跪伏在塵埃中。閻羅王撫尺一拍，喝道：

「張三！你前世出生做人，雖然沒有什麼不可寬赦的惡行，但是也不知人身難得，好好行善利人，因此來生還是讓你轉世做人，但是壽命只有三十年。」

張三小鬼聽了，憂喜參半，趕快請求說：

「閻羅王！感謝您的慈悲，讓我再世為人。只是三十歲太短了，人生還沒有享受，就要撒手人寰，求求您老再加給我幾年壽命吧！」

「不得無理討價還價，站到一邊等待發落。」閻羅王漲紅一張黑紫的大臉喝斥道。

張三小鬼嚇得趕緊躲到一旁，這時鬼卒又抓來一個小鬼，閻羅王撫尺再一拍：

「李四！你前世做人遊手好閒，好吃懶做，下輩子讓你出世做牛，以償還前債，壽命也是三十年。」

「閻羅王！做牛太辛苦了，不論烈日風雨天都要犁田，不合主人意思還要挨皮鞭，吃的是粗糙的青草，睡的是髒濕的欄棚。三十年實在太長了，打個對折，求求您十五年就好了。」

「豈有此理，那多出的十五年，難不成要我閻羅王代你受罪？」閻羅王瞪著銅鈴般的眼睛。

張三小鬼一聽，趕快爬出來誠惶誠恐地請求：

「這樣好了，把李四小鬼多餘的十五年給我如何？」閻羅王一想：嗯！兩全其美。於是叫判官在生死簿上記錄下來。

鬼卒繼續抓來一個形體猥瑣的小鬼，閻羅王怒髮衝冠道：

「趙五！你知罪嗎？你前世拈花惹草，不安於室，欺壓善良，作威作福，下輩子罰你出世為狗，壽命也是三十年。」

趙五小鬼嚇得魂魄出竅，磕頭如搗蒜般哀哀懇求：

「閻羅王！求您饒恕！做狗太可憐了，不僅要看守門戶，吃的是主人的殘羹剩菜，還要飽受主人的踢打喝罵。既然李四小鬼可以減為十五年，請您網開一面，我也依樣畫葫蘆十五年好了。」

閻羅王正待發怒，張三小鬼機靈地閃出，畢恭畢敬合十唱道：

「閻羅王寬宏大量，那十五年小卒我願意承擔。」張三小鬼一加再加，已經有六十歲的生命了。

閻羅王最後抓來錢六小鬼說：

「錢六！你前世只知冶蕩貪歡，不知善用生命，精進勤奮，有所作為。下輩子罰你出生為猴子，壽命和他們一樣三十年。」

「做猴子太危險了，每天跳躍於森林之中，吃的是野果溪水，並且要時時擔心什麼時候會被獵人那支無常的弓箭射中，喪失了生命。閻羅王！這種生活於死亡陰影中的日子太難過了，我也只要十五年就好了。」

張三小鬼聽了，趕忙又把十五年承擔了下來。四個小鬼於是各取所需，皆大歡喜去投胎為人、為牛、為狗、為猴。

這則譬喻說明的，正是我們人一生的境遇：人生三十而立，從一歲到三十歲，接受父母的養育照顧、師長的教誨啟蒙，過的是頂天立地「人」的生活；三十歲至四十五歲，成家立業，要為自己的家庭、子女、事業奔波辛勞，像「牛」一樣的犁田耕種；四十五歲至六十歲，事業漸漸有成，兒女漸漸長大，但是體力也日益衰退，只能像「狗」一樣守在家裡，含飴弄孫，為子女打點家中的一切，碰到不肖兒女，還要如「狗」般被擊打折磨；六十歲到七十五歲，老病相侵，人生已經走到了夕陽，無常的箭何時射來，過的是忐忑不安的「猴子」生活。其實，如果我們善於安排自己的生活，人生七十才開始，永遠可以創造像「人」一樣的美麗生命！

即刻長大

有一個國王，王后為他生了一個粉雕玉琢的小公主。小公主有一頭燦爛如黃金的頭髮，紅撲撲的臉龐，鑲嵌著一對碧玉般的眼睛，逢人就露出天真無邪的笑靨，可愛極了！國王視為掌上明珠，寵愛有加。

國王每天把玩著小公主，玩呀玩的，突然生起了煩惱。小公主美則美矣，只是長得實在太嬌小了，伸手一握，只有一丁點兒，實在太不稱頭了。國王於是召集滿朝的文官武將說：

「各位賢卿！你們之中有誰能夠讓我的小公主立刻長大的，我就犒賞他金銀珠寶，封賜他高官厚爵。」

滿朝的大臣面面相覷，沒有人敢承諾國王的指示。國王一看，平日自己給予優渥照顧的大臣們顢頇無能，失望至極，轉而對宮中的御醫說：

「你們有沒有什麼奇異的仙丹靈藥，能夠使小公主馬上長大成人的？」

一群御醫看過不少疑難雜症，懂得不少醫藥草方，從來沒有聽說過有什麼可以立刻長大的神仙妙方。國王一再逼問，個個你看我、我看你，無言以對。國王憤怒極了，大罵道：

「我平白養了你們這一群無用的東西，限你們三天之內提出辦法來，否則就把你們全部殺死。」

三天的期限即將來臨，大臣、御醫們眼看殺身之禍就要臨頭，急得如鼎鑊中的螻蟻。千鈞一髮之際，一位大臣突然靈光一現，妙計心生，第三天篤定地上朝向國王稟告說：

「國王！臣子終於尋找到一種人間稀有的奇珍異草，小公主如果一服用，一夕之間便能長大成人。只是這種藥生長在高寒險巇的峻嶺之中，需要一段的歲月才能找到，在我找尋這個妙藥期間，國王必須和小公主隔離生活，絕對不能見到小公主的面，只要國王和小公主見了面，小公主縱然服用了此藥，也必將前功盡棄，藥石罔效。」

國王一聽，找到了藥方能夠讓他的小公主一夕長大，趕忙點頭說：

「只要能讓我的小女兒快快長大，什麼條件都依你，不見面就不見面。」

國王於是命人賜給聰明的大臣豐富的財物珠寶，打造一條堅固的船，讓大臣泛遊四海，去尋找幫助公主立刻長大的稀世妙方。大臣雇用了一個老實可靠的奶媽來照顧尚在襁褓中的小公主，並且把小公主安置在窮鄉僻壤、人跡罕至的地方，自己卻拿著國王給他的厚賜，雲遊天下，享受青山綠水的空靈靜謐。

大臣過著遊山玩水的逍遙日子，一晃十二年過去了，趕回鄉間，帶著荳蔻年華的公主去見國王。國王看到印象中還是個小嬰兒的女兒，已經長成亭亭玉立的美少女，欣慰歡喜，連連稱讚大臣道：

「真靈驗，真是神奇呀！我的小公主終於一夕長大了！」

國王於是賞賜給大臣更多的黃金絹綢，以慰勞他的尋藥功勳。國王高興著，大臣得意著，而全國的百姓都在竊竊譏笑國王的愚痴無知！

這則故事同樣記載在佛教的《百喻經》中。我們的社會正瀰漫著這股急功好利的風氣，什麼都希望求速成，吃飯用快鍋、微波爐，上下樓用電梯，出門交通用電氣化鐵路、噴射飛機。影響所及，社會的價值觀也顯現一股濃厚的功利色彩。在這股強勢的速食文化潮流中，社會大眾不再耐煩地孜孜矻矻於基層工作，發財要快，騰達也要快。過度快速的結果，人文涵養粗糙了，社會失去了最寶貴的古樸實在的本質。從這則故事中，每日生活在忙與盲快速腳步的我們，是否應該調整腳步，睜開慧眼，重新再作出發。

四位夫人

有一個富翁娶了四位夫人，四位夫人一個比一個嬌美豔麗。大富翁最愛戀年輕貌美的四夫人，鑽石珍飾、綾羅綢緞，應有盡有，都買給四夫人。富翁對婀娜娉婷的三夫人也倍加疼愛，交際應酬，出雙入對，都帶著三夫人。二夫人精明幹練，大富翁把家中的田園財產，都交給二夫人來掌管。至於端莊嫻淑的大夫人，結髮糟糠，早已被大富翁遺忘至九霄雲外，不復昔日的鶼鰈情深。

富翁天天沉浸在情欲愛海之中，身體漸漸地衰萎枯槁，日薄西山。富翁心想：黃泉路上孤獨行，太寂寞淒清了，我有四位夫人，找一位與我攜手同行，也不枉人生一段風流韻事。我平日最疼愛四夫人，找她陪伴我，她一定會很歡喜。主意打定，差人把四夫人叫到病榻前，無限眷戀地拉著四夫人的纖纖玉手說：

「我就要死了，但是我實在捨不得丟下你踽踽獨行，平日我最愛你了，珍肴美味供你享受，金銀珠寶任你花用，你願意陪伴我一起死嗎？」

四夫人一聽，花容失色，急忙揮手道：

「要我和你一塊兒死？哼！別痴人說夢話了，要死你自己一個人去死，我還要享受我的花樣人生呢！」

富翁眼看自己最心愛的四夫人斷然地拒絕了他，傷心欲絕，轉念一想：我還有三夫人呀！於是也把三夫人叫到床畔，堆滿笑容地說：

「我平日待你不薄，讓你錦衣玉食，不虞匱乏；出入門戶，我總是和你儷影雙雙，現在我生命已經枯竭，你願意陪我共赴黃泉嗎？」

三夫人聽了，面色慘綠，失聲尖叫起來：

「你別死纏著我，我還年輕貌美，我要再去尋找個如意郎君，享受我的第二春。」

富翁失望極了，自己最念念於心的四夫人和三夫人，都恩斷情盡的回絕了他，只好把二夫人找來，怏怏然地說：「我已經油盡燈滅，瞬息將逝，你願意伴我同行嗎？」

二夫人看到丈夫哀哀求告，淡淡地說：

「你別傻了！我怎麼能陪你一塊兒死呢？你知道，你一倒下來，家裡有多少的產業需要我去處理。看在夫妻一場的情義上，我會把你厚殮，送你上山頭，你就安心的去吧！」

心灰意冷的富翁眼看三位夫人，一個一個都拒絕了他，只剩下被自己遺忘的元配夫人，忐忑不安地對她說：

「長期以來我一直把你冷淡了，現在我就要離開人世，我實在沒有資格要求你陪我同往酆都，人之將死，其言也善，你能夠接受我的懺悔嗎？」

「我生是你家婦，死是你家魂，何況古代就有糟糠之妻不可棄的明訓。嫁雞隨雞，嫁狗隨狗，我心甘情願與你同行。」

患難見真情，大富翁終於帶著大夫人含笑而逝。這則故事寓意深遠，四位夫人各有隱喻象徵。四夫人代表我們的身體，平常我們對身體最為照顧，為它吃飯穿衣、打扮洗滌，好比大富翁對四夫人的迷愛。但是當大限來時，最早拋棄我們的，就是我們這具臭皮囊。三夫人是我們的財產田地，當我們一口氣不來，億萬的財產都要流落他人手中，好比三夫人的改嫁如意郎君。二夫人是我們的親朋好友，當我們撒手人寰的時候，親人朋儕也許會念在昔日情誼，為我們舉行隆重的告別，為我們黃土一坏，埋骨青山。大夫人是我們的心，和我們形影相隨，生死不離，所謂「萬般帶不去，只有業隨身」的心識。心，和我們的關係最為密切，去後先來為主翁，希聖希賢是它，作奸作盜也是它，但是我們也最容易忽略了它，反而全神貫注於虛幻的色身。我們除了欣賞四夫人、三夫人、二夫人的美貌與才幹之外，更應該多多照顧忠誠不二的大夫人，給我們的心靈一些智慧的活水，才是善於享受人間至愛的智者。

師父的腿子

有一位師父門下收了兩個剃度的小沙彌，兩個人都很在意師父的青睞，彼此誰也不服氣誰。這位師父害有嚴重的腿病，兩條腿隨著天氣的陰霾晴朗變化，而迅速準確地反應發作。為了治好多年沉疴的風濕症，每夜睡覺前，師父就召喚兩位小沙彌輪流來按摩雙腿，他叫大徒弟按摩右腿，叫小徒弟按摩左腿。

過了一段日子，有一天，輪到大徒弟按摩右腿的時候，大徒弟正在用心地揉、壓、捏、搥、敲、打，師父突然開口說：

「唉！瞧你長得這麼個大塊頭，粗手粗腳地把我抓得好痛，一點也比不上你的小師弟，力道用得恰到好處，既不痛也不癢，你應該感到慚愧喲，好好向你師弟請教，見賢思齊，不恥下問，你才會進步。」

大徒弟被師父一盆冷水兜頭潑下，肚內百味雜陳，心想：哼！都是小師弟工於心計，在師父面前拍馬屁，撥弄是非，有朝一日一定要還以顏色，湔雪羞辱之恥。師父在大徒弟面前誇獎小徒弟的靈巧，在小徒弟面前也同樣讚歎大徒弟的細心，輪到小徒弟按摩左腿時，師父也說了：

「小沙彌，你不可以輕心慢心喔！學學你師兄的細膩體貼，他每天按摩我的腿子時，一點也不打馬虎眼，哪像你隔靴搔癢，一點也不著力痛快。」

師父是一番用心，拈來「現前一段西來意」，以教育弟子，但是小徒弟也憤憤不平：哼！一定是大師兄在師父面前破壞我的形象，害我挨了師父的教訓，有一天勢必讓你後悔莫及。師父在大徒弟面前誇讚小徒弟的好處，在小徒弟面前稱揚大徒弟的優點，在師父是以佛眼視眾生，人人都是聖賢，應該效仿尊重，但是兩位弟子卻懷凡夫心態，各有心結，彼此嫉妒猜疑。

有一天，有一家信徒的父親舉行八十大

壽的慶生法會，師父就派大徒弟前往誦經祝禱。小徒弟看到師兄去施主家祈福消災，拍掌歡喜，好極了！報復的機會來了，平常任你如何對師父諂媚殷勤，今天趁你不在家，把你按摩的右腿打斷，沒有腿子可以按摩了，看你又如何鼓動不爛的三寸長舌，贏得師父的專寵喜愛。

主意既定，假意要為師父舒通筋骨，出其不備，把師父的右腿「咔嚓！」一聲，活生生地折成兩段。小徒弟看到自己的精心傑作，也不管師父的傷痛，得意洋洋歡笑雀躍，腦際浮現出大師兄氣憤、著急、無奈，頓首搥足、氣急敗壞的模樣，小徒弟嘴邊的笑意更深了。

大徒弟誦完經，趕回寺院向師父銷假請安，一看他負責按摩的右腿，折成兩截癱瘓在地上，不由怒火中生，氣憤填膺，哼！一定是小師弟搞的把戲，我也把你按摩的左腿折斷，讓你也沒有腿子可以按摩。大徒弟以牙還牙，也把師父的左腿打斷了，師父失去了雖然風濕，但是寶貴的雙腿。

這則譬喻故事記載在佛教的《百喻經》，兩位沙彌的意氣用事，為爭執而爭執，不能以隨喜讚歎的心，來接受對方的成就，最後受到災殃傷害的還是師父。綜觀我們的家庭、服務團體、社會，乃至國家，如果每個家族成員、社會分子、國民百姓，彼此失去理性包容，為抗爭而抗爭，將來受害者，不正是養我們、教我們的國家社會嗎？和諧才能共存，分裂必定滅亡。

會飛的烏龜

有一隻烏龜，住在小小的池塘裡，池面有田田的荷葉，清漣的荷花，偶爾微風吹拂，瀰漫一池淡淡的清香。烏龜抬頭望望頭頂上的天空，小小一片藍天，有時會有輕如柳絮、白如皚雪的白雲，飄逸地飛過；有時天空懸掛著五彩絢麗、彎如拱橋的彩虹；夜晚的時候，天空則披上寶藍的舞衫，並且點綴著晶瑩剔透的星鑽。烏龜在池裡悠遊地過著日子，對於頂上的一片天滿意極了，以為宇宙好寬闊、好廣袤喔！一切奇妙的景致都收入牠的荷塘之上。

烏龜陶醉地生活在牠的小小世界裡。有一天一群雁子排列成行地從長空飛逝而過，翦羽翩翩，姿態優雅，好似受過嚴格訓練的飛行健兒。烏龜看到雁子翱翔於天際，心中羨慕極了，心想：如果有朝一日自己也能像雁子一樣飛翔於天空，那該有多麼的寫意！

春去冬來，冬逝春至，烏龜在池子之中，年年延頸翹望雁子乘著春風，飛向溫暖的南方。歲月年復一年地飄逝，烏龜心中那股逍遙遊的欲念愈來愈強烈，有一年終於機會來了。有一對鶼鰈情深的雙飛雁，正飛過池子的上空，烏龜伸長脖子，著急地大聲嚷叫：

「雁大哥！請留步。」

雁子俯頭一瞧，原來是穿著一身古銅綠盔甲的烏龜，於是悠閒地佇足於池畔，和藹可親地問：

「什麼事呀？烏龜先生！」

「請問你們，這池子之外是否還有天地呀？這池外的天地又是個怎麼樣的世界呢？」烏龜充滿好奇地問著。

「池塘以外的世界可大著哩！有綿延起伏的層巒疊翠，有涓涓清涼的溪澗河流，還有耕耘漁獵的人家小戶，以及數不清、說不明的花草動物，這池外的天地多采多姿極了！」雁子不厭其煩地描繪著。

烏龜聽了，幸福地閉上了雙眼，眼前浮現出一幅美麗的圖畫！遠山如嵐，近水似黛，花木搖曳，走獸馳騁。烏龜於是打定主意說道：

「雁大哥！我有個心願，懇求兩位無論如何要成就我。我希望能夠和兩位一樣，也能在空中飛翔，享受那翱遊虛空的快樂！」

雁子聽了烏龜幾近荒謬的請求，嚇得一臉的慘白，連忙搖頭道：

「萬萬使不得！你沒有翅膀怎麼飛得起來呢？縱然飛起來了，萬一摔了下去，是會粉身碎骨的。請你快快打消這個不智的念頭。」

「縱然會因此喪身失命，我也要飛行一次，求求你們成全我吧！」烏龜哀哀地請求。

雁子拗不過烏龜的苦苦哀求，只好無奈地答應道：

「好吧！我們就答應你這一次。你的身體如此重，我們一個用嘴巴啣住你的嘴巴，另外一個則咬住你的尾巴，才好撐起你的身體。為了安全起見，飛行期間，你無論發生什麼狀況，都不能把嘴巴張開，否則從高空中摔跌下來，必然會失卻生命。」

雁子果然合力載運著烏龜，飛行於空中。烏龜多年來的夢想終於成真，興奮地俯視著腳下的山河大地，山丘、村落、森林、河川……迅速地向後逝去，原來展翅高飛的情境是如此的美妙呀！烏龜正沉醉在風馳電掣的快感之中，忽然聽到下面一陣震耳的喧譁聲，原來是一群在河床邊玩沙的孩童，譏嘲侮蔑的字語聲聲傳入烏龜的耳朵：

「哈哈！哈哈！大家快來看喲！一隻笨烏龜被兩隻雁子抓走了，大家看牠那笨頭笨腦的樣子，真是可笑極了！」

氣急敗壞的烏龜，忘記了雁子的叮嚀忠告，破口要大罵孩童的不明就裡，但是烏龜才一張口，生氣的字眼還來不及吐出，牠已像斷線的風箏，咻地一聲，從高高的空中，重重地摔了下來，跌得滿地的碎碎片片。

佛教有一句話說：「一念瞋心起，百萬障門開。」又說：「瞋火能燒功德林。」攜手走過人生的恩愛夫妻，有時為了瞋恨爭吵而成為陌路冤家；生死相交的知己朋友，有時因為惱怒爭執而反目成仇。多年的情誼敵不過一念的瞋心，憤怒的火焰會把我們辛苦經營的功德焚燬於一旦，好比譬喻中的烏龜，首先犯下不能了解自己生命極限的錯誤，強求不可能為可能，而不知道去珍惜既有的福報。既然得到高不可攀的幸福，又不知道居高思危，戒慎恐懼，卻放縱瞋心欲念，當然唯有隕身斃命一途了。時下又有多少如此烏龜性格的人？

端正的鼻子

在佛教的《百喻經》中，有一則可笑而發人深省的故事，把現代人重視浮華的表面，不注重內涵的虛榮愚痴，描繪得淋漓盡致。

在印度有一位先生娶了一個體態婀娜、面貌娟麗的太太，兩人情如金石，恩恩愛愛，是人人稱羨的神仙美眷。這個太太眉清目秀，性情溫和，美中不足的是長了個酒糟鼻子。柳眉、鳳眼、櫻嘴、瓜子臉蛋上，卻鑲了個酒糟鼻子，好像失職的藝術家，對於一件原本足以稱傲於世間的藝術精品，少雕刻了幾刀，顯得非常的突兀怪異。

這位丈夫對於太太的鼻子終日耿耿於懷。一日出外去經商，行經一販賣奴隸的市場，寬闊的廣場上，四周人聲沸騰，爭相吆喝出價，搶購奴隸。廣場中央站了一個身材單薄、瘦小清癯的女孩子，正以一雙汪汪的淚眼，怯生生地環顧著這群如狼似虎，決定她一生命運的大男人。這位丈夫仔細端詳女孩子的容貌，突然間，被深深地吸引住了。好極了！這女子臉上長著一個端端正正的鼻子，不計一切，買下她！

這位丈夫以高價買下了長著端正鼻子的女孩子，興高采烈，帶著女孩子日夜兼

程趕回家門，想給心愛的妻子一個驚喜。到了家中，把女孩子安頓好之後，以刀子割下女孩子漂亮的鼻子，拿著血淋淋而溫熱的鼻子，大聲疾呼：

「太太！快出來喲！看我給你買回來最寶貴的禮物！」

「什麼樣貴重的禮物，讓你如此大呼小叫的？」太太狐疑不解地應聲走出來。

「喏！你看！我為你買了個端正美麗的鼻子，你戴看看。」

丈夫說完，突然出其不備，抽出懷中鋒銳的利刃，一刀朝太太的酒糟鼻子砍去。霎時太太的鼻梁血流如注，酒糟鼻子掉落在地上，丈夫趕忙用雙手把端正的鼻子嵌貼在傷口處，但是無論丈夫如何的努力，那個漂亮的鼻子始終無法黏著於妻子的鼻梁。

可憐的妻子，既得不到丈夫苦心買回來的端正而美麗的鼻子，又失掉了自己那雖然醜陋、但是卻貨真價實的酒糟鼻子，並且還受到無妄的刀刃創痛。而那位糊塗丈夫的愚昧無知，更是叫人可憐！

其實，我們的社會並不缺乏這樣的可憐丈夫。時下有不少愛美的人士，為了

「貌不驚人死不休」，不顧皮肉之痛，不惜一擲千金，割雙眼皮、紋眉、紋眼、紋身、刺青，大有人在；隆鼻、隆乳、隆臀，也不在少數。有人甚至深受密醫誤診之害，身體成了氣象台，陰雨晴和，準確得很。流風所及，整容業遂成了當今社會三百六十五行之外，非常時髦並且重要的一行。因此，當我們在大街小巷上看到同一面孔、同一尺寸身材的人愈來愈多時，也就不足為訝了。

佛法說我們的世間為有漏世間，有缺漏、不完美是世間實相。人生有一點缺陷，可以激發我們向上向善的力量。我們不反對意外傷害的整形，但是如果把真實的本來面目，為了一點可憐的虛榮，而加以斲傷破壞的話，是不智的蠢行。美的東西，必須是真的！

學鴛鴦叫

在古時候的印度有一種習俗，每逢節慶的日子，婦女們總是喜歡在自己的髮鬢旁，插上一朵清香高雅的優鉢羅華，以顯出自己的娉婷可愛。有一個窮無立錐之地的裁縫，娶了一個美麗如花的妻子，但是裁縫實在太貧窮了，無法買鮮花給妻子做為裝飾。年輕的妻子看到朋友們各個打扮得花枝招展，進城去參加節慶，終於按捺不住說：

「每一個女子都受到她丈夫的關愛，打扮得光鮮入時，只有我蓬頭垢面，跟你過苦日子。如果你不能送我優鉢羅華，入城參加盛會，我便和你恩斷情絕，夫妻今後各自一方，互不來往。」

裁縫一聽妻子下了最後通牒，心裡一驚：優鉢羅華稀有難得，價錢昂貴，豈是自己的能力可以購買，得不到優鉢羅華，就保不住心愛的妻子，到哪裡去採摘呢？情急之中，突然靈機一動：

「國王的皇宮花園鴛鴦池中，不是栽有許多的優鉢羅華嗎？何不去採它幾朵，萬一被抓到，可以用我學鴛鴦叫的微妙絕技，以假亂真，一定萬無一失。」

主意打定，於是趁著月黑風高的夜晚，偷偷地潛入戒備森嚴的皇宮。黑暗中，躡手躡腳摸索到了花木扶疏的花園，在微弱的星光照耀下，放眼一瞧，假山後的水塘裡，正開滿了一池的優缽羅華，清香四溢，靜靜地迎風搖曳。

裁縫欣喜萬分，正要彎下腰去採摘，突然聽到一陣雜遝的腳步聲，響自假山的背面。心裡一慌，趕忙跳進池中，濺起點點的水花，驚得睡眠中的鴛鴦水鳥一片的啾唧，腳步聲引來一隊負責巡邏安全的侍衛。侍衛們聽到「噗通」的水聲，機警地喝道：

「什麼人躲在池子裡，出來！」

「是我，鴛鴦！」裁縫慌亂中忘記學鴛鴦叫聲，脫口而自言鴛鴦，但是語音一出，頓時懊惱不已。

「嘿嘿！既然是鴛鴦，怎麼會說人話，分明是人假裝的，爬上岸來，否則我要射箭了。」

裁縫不得已，沮喪萬分地爬出了池子，渾身濕漉漉地呆望著池裡唾手可得的優缽羅華。侍衛們不由分說，如鷹撲雉般一擁而上，把裁縫的雙手反翦在身後，要把他抓到國王的寢宮去報功領賞。

走呀走的，裁縫心想：

「自己偷不到優缽羅華，反而身陷囹圄，何其悲慘！」焦急之下，突然學起鴛鴦的鳴叫，維妙維肖，像極了鴛鴦的聲音。侍衛們聽了，忍不住啞然失笑道：

「你剛才為什麼不學鴛鴦叫呢？現在才大做鴛鴦的啾啾鳴聲，又有什麼用處呢？」

《百喻經》中的這則故事，給我們深刻的啟示：我們平時放縱身心於貪愛執取，好比裁縫的巧竊優缽羅華，而不知道調伏心性使向善途；等到大禍臨頭，才恍然憬悟知所努力，精進向上向善，已是千古憾恨的身後事了，好比裁縫不能把握當下的時機，發鴛鴦之鳴叫，機緣一失，千載不復。有智慧的人，善能掌握當下即是的一刻。

殺子成擔

有一個愚痴的農夫，養了七個活潑健康的兒子。農夫每天帶著七個兒子，日出而作，日入而息，日子倒也過得和樂融融。有一年，天氣乾旱，久久不曾滴下一絲雨水，加上瘟疫肆虐，最可愛的第七個小兒子，終於熬不住傳染病的侵襲，不治死亡了。

傷心欲絕的農夫夫婦，抱著小兒子餘溫尚存的身體，嚎啕大哭：

「可憐的孩子！你還來不及享受人間的快樂，便撒手人寰，你怎麼狠心離棄我們而去呢？」

農夫每天撫屍痛哭，但是天氣燠熱，屍體終於發出刺鼻難聞的惡臭，農夫仍然捨不得將兒子抬出去埋葬，於是召開緊急的家庭會議，對其他六個兒子說：

「你們最疼愛的小弟死了，我們實在捨不得他離開溫暖的家。這樣好了，我們大家搬到門外去住，把房子讓出來給你們弟弟安放屍體，這樣他就永遠不會離開我們了。」

一家人都同意父親的提議，於是把家具搬到戶外，餐風宿露過起日子來。但是農夫一家人這種異乎常態的舉動，卻驚動了左鄰右舍，年老的族長被推派來勸導他們：

「生死是每一個人必須經歷的大事，雖然孩子還如此幼小，但是亡者已矣，你們要節哀順變呀！眼前最要緊的是趕快把他莊嚴埋葬，使他能入土為安。你們把他懸放在家中，遲遲不準備後事，實在是愚昧至極！這樣的做法，徒然增加亡者的不安，生者的不忍而已。」

農夫聽了族長的話，決定收拾起悲愴的心情，好好地厚葬自己心愛的么兒，於是把收藏在倉庫裡的扁擔清理出來，然後將屍體放在其中的一個擔子裡面，一肩挑了起來，但是左右兩擔的重量不平均，一時失去了平衡，農夫跌了個四腳朝天，屍體也從擔子裡傾倒了出來。

農夫眼看兒子的屍體，擺在家裡會膿腫爛臭；用擔子挑出去埋葬，一頭裝屍體，一頭空擔子，力道不均衡，又無法順利承挑。正在左右為難，突然靈光一閃，想出一個兩全其美的好主意：

「哈哈！有了！我一共有七個兒子，雖然死了一個，還有六個白胖的壯丁。我只要再殺掉一個，把他放在竹擔子裡面，這樣竹擔子不是兩頭都沉甸甸，重量平均了嗎？嗯！挑起來一定不會左右搖動。」

農夫打定主意，趁著暗黑的深夜，孩子們好夢正酣的時候，拿起銳利的鐮刀，一刀殺死聰明伶俐的第六個兒子，然後把兩個兒子的屍體，分別放在竹擔子裡，俯身挑起擔子，喲！好傢伙，兩個人的重量勢均力敵，不相上下。月黑風高的長夜裡，只見農夫一腳高一腳低地踩著得意洋洋的腳步，向荒漫的後山行去，肩上的擔子左右搖晃，擺動出優美的弧度。只聽到遠遠的村落傳來幾聲哀哀的狗吠，不曉得是為稚子的無辜而悲鳴，還是為農夫的愚痴而泣淚？靜靜的夜，並沒有任何的回答。

這則殺子成擔的故事，看似愚昧可笑，實則發人深省。世上有人犯了過錯，不知幡然悔改，即時回頭，反而延宕時日，心存僥倖，好比農夫死了幼兒不能立刻發葬，卻停屍屋內；更有甚者，泯絕良知，不能懸崖勒馬，一錯再錯，並且自以愚蠢的行徑為樂事，好比農夫殺子成雙，鑄成千古憾恨，兀自竊竊歡喜。日常生活中，我們的身口意三業，難免會有過失，有了過失，而能保持高度的智覺，以及自我改正的道德勇氣，便是有智慧的人，所謂「不怕無明起，只怕覺照遲」，就是此意。

把門守好

有一個富豪因為朋友有急難，必須遠行去幫助他，於是把家中的奴僕找來，交代道：

「我現在臨時有急事，需要出門一段時日，我不在的時候，你要好好看緊門戶，並且把草寮裡的驢子綁好，不得有一些閃失。」

主人走了以後，奴僕果然依言日夜不休地守著門戶，絲毫不敢怠慢。恰巧鄰村舉行祭祀大會，請來了技藝精湛的樂班來表演，幾里路內的鄰人競相前往聽戲取樂。奴僕的朋友滿懷熱情地來邀請他前去同樂，奴僕雖然很想去參加，但是一想到主人的叮嚀囑咐，面有難色說道：

「謝謝你的一番盛意，我雖然很想過村去聽樂，但是我的主人臨出門時曾經指示我，要把門好好守住，我不能違背他的命令。」

朋友聽了，仍然鍥而不舍地勸誘他，奴僕禁不起朋友的一再鼓舞，突然福至心靈，拊掌大喊：

「哈！有了！我想到一個好辦法，我只要把門卸下來扛在身上走，把驢子綁在腰間跑，就可以和你一起去玩樂了。」

奴僕說完，毫不遲疑地把兩扇朱紅的大門拆卸了下來，用繩索小心翼翼地繫在驢子的身上，再把另一頭的繩索綁在自己的腰際，然後歡歡喜喜地和朋友一起進村，通宵達旦盡興玩樂，徹夜未歸。

奴僕走後，留下空空蕩蕩的門戶，乏人看管。半夜，宵小跑來偷竊，一看，富翁家門戶大開，於是放大膽量，把細軟值錢的東西，塞滿鼓鼓的一大布袋，然後從從容容地逃逸。

富翁辦完了事趕回家中，一看家裡財物被洗劫一空，悚然大驚，把奴僕傳來詢問：

「我出門時不是一再叮囑你，要把門戶看好，你怎麼怠失職守，讓小偷來闖空門呢？」

「主人！你是曾經交代我要把門守好，把驢子照顧好，因此我出外的時候，也不敢忘記把門和驢子隨時帶在身邊啊！」奴僕一臉無辜的回答。

「我要你守好門戶，就是要你把財物守護無失呀！」

「咦！主人！你只叫我把門和驢子守好，你並沒有叫我看管財物呀！」

「叫你守住門戶，就是要你守住一家的財物、生命安全，財物既然已經盡失，徒然空守住兩片大門，又有什麼意義呢？」主人為之氣結，無奈地教訓奴僕。

平時我們看到朋友要出門辦事，偶爾也會幽默地告訴對方，何不把門戶也扛著一起走？而世上果真有如此愚昧不化的人。這則譬喻記載於佛教的《百喻經》，它告訴我們凡事除了要重視門面之外，更要重視內涵，如果為了保留面子，而因此丟失了裡子，便是本末倒置的愚痴行為。因此我們處理事情要洞悉原委真相，把握根本癥結所在而對症下藥，才能迎刃解決問題。人生要守住的不僅僅是外表形式的兩扇大門，而是含藏無限寶藏的無形心門，至於如何使我們的心門開關自如，就取決於每個人的智慧運用了。

四句偈的智慧

有一個商人出外經商貿易，三年來都不曾返家探望嬌妻，幾年的辛勤經營，攢了小小的一筆積蓄，眼看年關逼近，思鄉的情緒油然而生，於是決定趕回家中與妻子團聚。商人心想：

「三年來我都沒有回家，妻子一定非常思念我，我應該備辦一份奇特的禮物送她，以慰勞她本分持家的辛苦。」

商人信步走到街上瀏覽，只見街道兩旁擺設各種的貨攤，南北期貨各色各樣，應有盡有。攤販們敞開喉嚨大聲吆喝，以廣招徠。商人的眼睛突然被一間店面深深吸引住了，原來偌大的一間店，裡面空蕩蕩，沒有一點貨色，主人坐在店中，喃喃低吟，不知在唱誦什麼？只見牆上貼了醒目的布條，上面寫了「賣四句偈」四個字，字體遒勁有力。

商人好奇極了，心想自己跑遍天下，看過不少貨品，從來沒聽說過四句偈這種東西，決定一探究竟，說不定能給妻子一個驚喜，於是對店主說：

「請問什麼是四句偈，多少價錢？」

「你如果有意購買，我才告訴你這舉世罕見的奇妙珍寶，只是刺探的話，敬謝不敏。」店主懶洋洋地抬起眼皮。

「對不起！我是誠心誠意要購買這四句偈，請你告訴我吧！」商人趕忙堆起一臉的憨厚笑容。

「四句偈就是四句話——向前三步想一想，退後三步想一想，瞋心起時細思量，放下怒火最吉祥。看你忠厚老實的樣子，特別減價賣你三十兩銀子。」

商人啼笑皆非，原來這就是珍奇寶貝的四句偈，既然承諾，只好無奈以高價買下四句話，心中懊惱極了。一路跋山涉水趕回家，日夜兼程趕到家裡的時候，已經是歲暮除夕的夜晚了。商人只見家裡的窗檽，透出暉黃和煦的燈光，想必是妻子正在鵠候自己的歸來。商人載欣載奔，踏入門檻，只見廳中擺了一桌的佳肴，兩副碗筷整齊地各占一邊，想必是賢慧的妻子知道自己趕路辛苦，飢腸轆轆。只是怎麼不見妻子的人影？原來妻子已經在睡覺了。進入臥房正待叫醒妻子，敘敘別後離情時，赫然發現簾帳前面端端正正地擺了兩雙鞋子，一雙男鞋，一雙女鞋。商人怒火中生：

「哼！不要臉的賤女人，竟然做出如此傷風敗俗的勾當，壞我門聲。」

商人轉身衝到廚房，拿起鋒銳的刀子劈手便砍，四句偈突然浮上了心頭：「向前三步想一想，退後三步想一想，瞋心起時細思量，放下怒火最吉祥。」轉念一想：縱然要殺她，也要問個清清楚楚，讓她死得明明白白，心服口服。於是粗魯地叫醒妻子，大聲罵道：

「不知廉恥的女人，竟然背著我偷人，這一桌酒席，這一雙鞋子，你做何解釋？」

好夢正酣的妻子，看到久別歸來的丈夫，對自己不但沒有體恤慰問的情話，反而如凶神惡煞般要殺自己，終於按捺不住，尖起嗓門大罵：

「沒良心的東西！你一出門三年未歸，也不捎個信息回家，我想年關已近，別人家裡一家團圓，因此我也為你準備一雙碗筷、一對鞋子，圖個吉利圓滿。你不問青紅皂白，見面就要殺，你殺好了！你殺好了！」

「對不起！我誤會賢妻了。哈哈！三十兩買四句偈，實在便宜！便宜！」

商人手舞足蹈，拊掌大笑，一旁的妻子看得一臉的迷惑驚愕。

我們做事要講求效率迅速，但是發脾氣要慢半拍，放慢腳步，一個回心轉念，另有一番魚躍鳶飛、海闊天空的氣象。為學要不疑處當疑，為人則當疑處不疑，夫妻眷屬乃至朋友交往，貴在彼此信任不猜忌，體諒不瞋怒。其實在我們的日常生活中，何處沒有四句偈的智慧呢？只在我們的用心與不用心之間。

兩鬼爭屍

在《大智度論》卷十二中，記載著一則充滿智慧的故事。有一個旅人日夜兼程的趕路，走到了荒郊野外，眼看夜幕低垂，日輪早已躲入西山，偏偏前不見村，後不著店。正在焦急慌亂間，抬眸一瞧，咦！前面有一座斷垣殘壁的破山神廟，今晚就將就點兒，暫時在廟中過一宿吧！

旅人推開咿呀作響的柴扉，拂去滿室糾纏不清的蜘蛛絲網。山神睜著銅鈴般的眼睛，瞪得旅人不寒而慄，山神身上原本華麗的蟒袍，蒙上了厚厚的一層灰塵，原來是久不食人間煙火了。旅人打開簡單的行囊，在神案下胡亂地鋪了些乾草，和衣躺下，口中默念佛號，希望無事平安地度過這漫漫長夜！

旅人似睡非睡、矇矇矓矓間，突然聽到大門「碰！」一地應聲打開，隨著一陣涼颼颼的陰風，飄然走進一個齜牙咧嘴，頭顱狀如三峰的小鬼，身上揹著一具屍體，唾沫橫飛地準備大快朵頤。旅人嚇得瞠目咋舌，趕忙往案桌角落裡面藏躲，深怕被小鬼發現，也成了無辜的腹中物。

小鬼正準備將屍體撕裂吞噬的時候，突然一聲如雷鳴的巨響，跳進一個身材巨大，面目猙獰的大鬼，氣急敗壞地指著小鬼大吼：

「可惡的東西！這個屍體是我的獵物，你膽敢使詐竊搶，看我一掌打死你！」

「哼！這屍體是我先搶到的，當然歸我所有，我正打算好好享受哩！」小鬼也不甘示弱，抓住屍體不放。

兩個鬼劍拔弩張，一個說屍體是他先發現的，一個說屍體是他先搶到的，彼此誰也不讓誰。躲在神案下的旅人嚇得不敢喘息，心想：

「今天真是活見鬼了！遇見一個小鬼已經命在旦夕了，再來個大鬼，哪有活命的機會，看來今天是劫數難逃了！」

兩個鬼正吵得天崩地裂，突然發現神桌喀喀價響，大鬼眼尖，一看，嘿嘿！桌下躲了一個人，好！請他做個公道。大鬼於是一把揪出觳觫的旅人說：

「你為我們評評理，這屍體是誰先搶到的？」

旅人心中大喊：慘了！如果說屍體是小鬼先搶到的，大鬼一定不會饒恕我的；如果說是大鬼先搶到的，小鬼也一定不放過我的。橫豎難免一死，自己是個受過五戒的佛弟子，拚個不打妄語，也要死得堂堂正正，像條漢子。旅人老僧篤定地說：

「這屍體是小鬼先揹進來的。」

大鬼一聽，勃然大怒，這人竟不知死活偏護小鬼。盛怒下扯斷旅人的臂膀，吃下肚子。小鬼一看，旅人為了自己，說句公道話，失去了一條膀子，趕忙迅雷不及掩耳，從屍體身上抓下一條臂膀，安裝在旅人的身上。就這樣，大鬼吃掉旅人的四肢，小鬼就從屍體上移花接木安裝四肢，吃身體就接身體，吃頭就裝頭。大小兩鬼爭鬧了一整夜，眼看東方將現曙白，兩鬼在雞鳴聲中揚長呼嘯而去，留下旅人摸摸不是自己的頭手身體，迷惑地對著山神，哀哀地問道：

「我是誰？我究竟是誰呀！」

佛教的根本教理——三法印之一的「諸法無我」，意思是說世間的一切現象，都是有條件的存在，條件具足了便成立，條件缺失了便幻滅，稱之為「緣生則聚，緣滅則散」。一切諸法沒有獨立不變的自性，譬如積土成山，人也是由物質的色蘊，以及精神層面的受、想、行、識四蘊所構成。五蘊不聚、四大不調，人便死亡。譬如故事中的旅人，最後發現沒有一樣東西是自己的，驗證於現代人的器官移植手術，不止手腳皮膚可以移植，換個義肢義足，甚至連心臟脾肺也可以更換。四大假合，五蘊非真，幻化變異，不能自主，唯一不變的是我們的真心佛性。

水泡花鬘

從前有一個國王，後宮的后妃為他生了一群白白胖胖的王子，好不容易，他最寵愛的妃子終於為他生了一位晶瑩剔透的公主。國王非常疼愛小公主，視如掌上明珠，捨不得稍加責罵，凡是公主所要求的東西，國王從來不曾拒絕過，就是天上的星星，國王也要攀登太空，為公主摘下來，點綴為彩衣。

公主在國王的呵護縱容下，慢慢成長為荳蔻年華的少女，漸漸懂得裝扮自己。有一天，春雨初霽的午後，公主帶著婢女徜徉於宮中花園，只見樹枝上的花朵，經過雨水的潤澤，花苞上掛著幾滴雨珠，顯得愈發的嬌豔；蓊鬱的樹木，翠綠得逼人眼睛。公主正在欣賞雨後的景致，忽然目光被荷花池中的奇觀所吸引住了。原來池水熱氣經過蒸發，正冒出一顆顆狀如琉璃珍珠的水泡，渾圓晶瑩，閃耀奪目。公主看得入神忘我，突發異想：

「如果把這些水泡串成花鬘，戴在頭髮上，一定美麗極了！」

打定主意，於是叫婢女把水泡撈上來，但是婢女的手一觸及水泡，水泡便破滅無影。折騰了半天，公主在池邊等得忿忿不悅，婢女在池裡撈得心急如焚。公主終於氣憤難忍，一怒之下，便跑回宮中，把國王拉到了池畔，對著一池閃閃發光的水泡說：

「父王！你一向是最疼愛我的，我要什麼東西，你都依著我。女兒想要把池裡的水泡串成花鬘，做為裝飾，你說好不好？」

「傻孩子！水泡雖然好看，終究是虛幻不實的東西，怎麼可能做成花鬘呢？父王另外給你找些珍珠水晶，一定比水泡還要美麗！」國王無限憐愛的看著女兒。

「不要！不要！我只要水泡花鬘，我不要什麼珍珠水晶。如果你不給我，我就不想活了。」公主驕縱撒野地哭鬧著。

束手無策的國王只好把朝中的大臣們集合於花園，憂心忡忡地商議道：

「各位大臣們！你們號稱是本國的奇工巧匠，你們之中如果有人能夠以奇異的技藝，以池中的水泡，為公主編織美麗的花鬘，我便重重獎賞。」

「報告陛下！水泡剎那生滅，觸摸即破，怎麼能夠拿來做花鬘呢？」大臣們面面相覷，不知如何是好。

「哼！這麼簡單的事，你們就無法辦到，我平日如何善待你們？如果無法滿足我女兒的心願，你們統統提頭來見。」國王盛怒地喝斥道。

「國王請息怒，我有辦法替公主做成花鬘。只是老臣我老眼昏花，實在分不清楚水池中的泡沫，哪一顆比較均勻圓滿，能否請公主親自挑選，交給我來編串。」一位鬚髮斑白的大臣神情篤定地打圓場。

公主聽了，興高采烈地拿起瓢子，彎起腰身，認真地搯取自己中意的水泡。本來光彩閃爍的水泡，經公主輕輕一觸摸，霎時破滅，變為泡影。撈了老半天，公主一顆水泡也拿不起來，睿智的大臣於是慈藹地對一臉沮喪的公主說：

「水泡本來就是生滅無常，不能常住久留的東西，如果把人生的希望建立在這種虛假不實、瞬間即逝的現象上，到頭來必然空無所得。」

《金剛經》說：「一切有為法，如夢幻泡影，如露亦如電，應做如是觀。」世間的虛名假利、權勢愛欲，就像水泡一樣的變幻無常，無法掌握，過度的追逐，只有自陷於痛苦的深淵。面對五彩的水泡，要能清明地欣賞它的光彩，而不迷惑於它的絢麗，便是善觀諸法的智者。

心中有鬼

印度的一個小鄉鎮，人們瀰漫著濃厚的鬼神信仰，做什麼事總要問神問鬼，老百姓活在神權控制的世界裡。

在小鄉鎮的一條街上，有一座百年的老屋，因為年久失修，斷垣殘壁，不堪風雨，屋內蛛網密布，塵埃覆櫺。深夜裡，老屋經常發出奇怪的聲音，好似女人的傷心啜泣，又像來自幽冥世界的慘烈哀號。人們於是繪聲繪影競相傳告：老屋裡住滿了鬼魅幽靈，誰要是走進了老屋，就別想活命。人們只能遠遠地看著鬼影幢幢的老屋，誰也不敢靠近一步。

有一天，從外鄉鎮來了一個人，揚言自己是天下第一大膽的人，世間沒有什麼東西嚇得了他。有一個村民看到這個外鄉人口出狂言，非常的不服氣，故意使用激將法說道：

「你自稱自己是天下最大膽的人，你如何證明你的膽量過人，讓我們心悅誠服？」

「我不僅不害怕妖魔鬼怪，任何的妖魔鬼怪看到我，都要退避三舍，敬畏三分。」

外鄉人自信滿滿地回答。

「我們村裡有一間鬼屋，進去住過的人都被嚇出一身病來，如果今晚你敢進去住宿，那就證明你的確是個有膽量的人。」

「哼！這區區的鬼魅魍魎有什麼好懼怕的，今天晚上我就要把他們降伏！」外鄉人大力拍著胸膛，故作無畏的神情。

村裡的百姓於是為外鄉人準備豐盛的晚餐，日暮時分，一群人浩浩蕩蕩簇擁著外鄉人，來到了鬼屋門前，語氣凝重地對外鄉人說：

「祝你一夜平安無事！」

外鄉人目送村人們舉著火把的身影愈去愈遠，硬著頭皮跨進鬼屋，一陣陰冷的空氣從腳底襲上心頭。舉目望去，暈黃的燭光下，梁柱頹傾，橫七豎八，屋頂上破了一個大窟窿，月光斜斜地瀉了一地，更增陰森，紙窗上跳躍著幢幢的影子，彷彿鬼祟就要破窗而入。外鄉人一驚，趕緊躲在折了一支腳的案桌下，閉目屏息，和衣睡倒。

夜漏，輕輕地移逝；大地，靜靜地沉睡。夢魘中的外鄉人突然聽到兩扇破舊的木門「咿啞！」作響，有鬼魅正要推門而入。外鄉人霍然從地彈起，一個箭步死命抵住木門，不讓門外的鬼魅進來。但是他使力愈大，門外的推力也愈大。就在一推一關的拉鋸之中，木門「碰！」應聲而破，門內的外鄉人和門外的不明眾生，彼此驚懼地跌坐在地上。外鄉人心想：「性命休矣！」驚魂甫定，定睛一看：哪裡是什麼猙獰可怖的鬼怪，原來是個錯過了旅店的商人。

這世間究竟有沒有鬼神？鬼神又住在哪裡呢？鬼，佛教把它定為六道之一，其實我們的人間何嘗沒有鬼道呢？酗酒成性的人，稱為酒鬼；嗜菸成癖的人，稱為菸鬼；好賭不悔的人，稱為賭鬼；貪色敗俗的人，稱為色鬼；……我們的人間可謂充斥鬼道眾生，特別是民風日益澆薄的當今社會，夜半行路，不擔心碰到鬼魅，倒憂慮遇見惡人。其實鬼有時也不見得那麼恐怖，我們暱稱小孩為小鬼，太太嬌嗔先生為死鬼，可見鬼是有小瑕疵的眾生。真正的鬼並不可怕，它也只是六道的眾生之一，最愚痴的是心裡有鬼，成天活在自造的鬼魅世界間，更可怕的是心懷鬼胎，陷人於萬劫不復的不義。

施與受

有兄弟二人，雖然為同一父母所生，但是性情卻迥然不同。哥哥生得一身疏懶骨頭，好吃懶做，錙銖必較；弟弟卻勤快隨分，喜歡與人結緣。有一天，兄弟倆一齊乘車出門辦事，不巧遇到天雨路滑，哥哥掌著轡繩狂飆，一時失去控制，兩兄弟墜落斷崖，失卻意氣風發的年少生命。

兄弟倆一縷幽魂，恍恍惚惚地來到了幽冥殿外，早有青面獠牙的獄卒等候在門口，一把提起兩兄弟，抓到閻羅王的面前。閻羅王寒著一張鐵黑色的方臉，瞪著銅鈴般的大眼，撫尺拍得震天價響，大聲喝道：

「你們兄弟二人上輩子做人，沒有做過什麼大奸大惡的事情，下輩子還能夠保有人身，出生做人。判官！查查看，有哪戶人家需要胎兒去投胎轉世的。」

「報告閻君！有趙謝兩戶人家分別擁有子嗣的因緣，只是出生趙家的人，長大之後要不斷的施與他人；投胎謝家的人，則一生都在接受別人的施捨。」文判官仔仔細細地翻閱著生死名簿，簿子上密密麻麻地記錄著每個眾生的三世因緣果報。

「既然如此，你們兄弟就各自去投胎趙謝二家吧！」

哥哥一聽閻羅王的判決，心想：如果投胎到趙家，一生都要辛勤去賺錢行布施，實在太奔波勞碌，不如接受別人的施與來得清閑舒服。主意打定，趕忙機伶跪到案前，磕頭如搗蒜說道：

「閻羅王！一輩子要給人的人生太辛苦了，求您大發慈悲，讓我去投胎謝家，接受別人的施與吧！」

「那施捨給人的趙家，又該誰去投胎呢？」閻羅王著急地問。

敦厚篤實，站在一旁始終不發一語的弟弟，恭恭敬敬合十道：

「閻羅王！讓我哥哥去謝家轉世，我願意做趙家的子弟，一生把財富布施給他人，廣結善緣。」

閻羅王於是放下一顆忐忑不安的心，兄弟兩人依照自己的業力，各自到趙謝兩家去出世為人。弟弟因為發願施與人家，因此到門第高貴、財富雄厚的趙員外家投胎為獨生子，長得聰明伶俐，深得家裡上下人等的喜愛，最難得的是趙氏公子生就一副慈悲心腸，看到貧病孤寡的人，經常賑濟救護他們，凡有求助者，趙公子沒有不滿足他們的心願的，而趙員外一家，看到孩子如此樂善好施，也樂得以龐大的錢財隨喜布施，因此趙公子慈悲喜捨的美名不脛而走。

一心企望接受別人施捨的哥哥卻投胎到家徒四壁、行乞為生的謝家，一輩子向人乞討殘羹剩飯，接受人世的施與和同情，也接受世人的鄙夷與侮蔑。

俗諺云：施比受更富有。施與是富有的人生，而接受是貧乏的人生。施捨也不一定只限於金錢物質的贊助，隨力為人服務，隨口讚歎別人，隨容給予微笑，隨心為他歡喜，都是一種清淨可貴的結緣布施。佛教稱慈悲喜捨為四無量心，有錢是一種福報，但是懂得施捨，肯得給予，是一種智慧。布施要恰如其分，而不勉強，以歡喜心行布施而不懊惱，才叫做喜捨。反觀我們的社會固然不乏有貧窮的富者，但是也有為數不少的富有的貧者。我們應該共同努力，扭轉慳吝、貪婪、浮靡的國家形象，建立一個富而有禮、富而有愛的真正富有之邦。

主人的痰

有一個大富翁養了一群的奴僕，這些奴僕有替主人搥背的，有替主人奉茶倒水的，有替主人出門提行李的，每個人都對主人極盡奉承，唯主人馬首是瞻。而主人也很慷慨，每當僕人們為他做了一件稱心如意的事時，富翁便毫不吝嗇地重重厚賞。

大富翁有一個習慣，遇到歡天喜地的事時，總會忍不住地大口大口吐痰，而左右的僕人就爭先恐後地伸腳去踩拭，誰先擦拭到主人所吐的痰，誰就能得到主人的青睞賞賜，因此僕人們個個都練就一身敏捷的手腳，希望拔得頭籌，搶先擦到主人的痰，博得主人的歡心。

有一個僕人身手特別的矯健，當富翁喉嚨發出「咳！咳！」的響聲，一口黃黃的膿痰如水柱般，從口中才射出時，他每次總是搶盡先機，一馬當先，伸展飛腿踩掉主人的痰，因此得到主人優渥的獎賞，羨煞一旁乾瞪眼睛的同儕。

在眾多的僕人當中，有一個僕人反應特別的遲鈍笨拙，當大家一窩蜂搶著踩踏主人的膿痰時，他總是被排擠到人牆的外圍，幸運始終和他沾不上邊，同伴們嘲笑他，主人更是嫌惡他。愚笨的僕人經過長期仔細的觀察，終於悟到其中的道理：

「喔！原來主人吐痰的時候，他們早就準備好腿子，下次我也要好好把握機會，一展身手。」

主意打定，笨僕人整天跟隨在主人身畔，等候良機，蓄勢待發。但是不管他如何的用心專注，總是慢了半拍，等到他舉起腿子要擦拭主人的痰時，其他的僕人往往搶先一著踩到了黏稠的膿痰。笨僕人懊惱極了，暗中思忖：

「他們的動作那麼的靈活，如果等到主人把痰吐在地上的時候，我才舉腿去踩踏，一定比不過那些諂媚的傢伙，那麼不就永遠沒有機會表現我對主人的一片忠誠了嗎？下一回我要保持更為機敏的反應，絕對不讓其他人專美於前。」

笨僕人幾經思量，決定採取新的策略。有一天，富翁得了輕微的感冒，喉嚨中一陣發癢的感覺，便有一聲沒一聲地咳嗽起來。聽到了主人的咳嗽聲，僕人們都緊張萬分地圍攏過來，笨僕人更是力排眾圍，擠到主人的身側，幾十雙眼睛緊盯著主人的嘴脣，深怕漏接了主人的痰水，突然主人微微啟開雙脣，準備唾痰，笨僕人一看，千載難逢的機會，迅雷不及掩耳地高舉右腿，卯足勁力朝主人的嘴脣踢去，踢得主人嘴脣破裂，鮮血殷紅，金色的牙齒碎了一地。主人摀著腫了半邊的臉，氣急敗壞地斥罵道：

「你為什麼這般粗魯，踢傷我的嘴巴，折斷我的牙齒？」

「主人！對不起！每次當你把痰吐落到地上時，旁邊的人往往獻殷勤為你擦掉，我總是來不及為你服務，因此才會在你剛剛準備吐痰的時候，伸腿踢中你的齒脣，奴才只是想贏得你的垂青重視而已，絕對沒有故意傷害你的惡心。」

《百喻經》的這則譬喻故事告訴我們，凡事固然要搶盡先機，但是更要等待因緣，因緣不具，時機未到，而強設功力，愚昧蠢動，就像笨僕人一般，不能妥善掌握時間空間的條件，只有弄巧成拙，徒增憾恨，因此我們待人處事，應該要善知時與非時，善知時空者，便能洞燭先機，不錯失生命的機運。

橋上對立

有一個莊稼人家非常的好客，有朋友來拜訪時，主人總是準備美味可口的酒菜，熱忱地招待客人，並且喝得酩酊大醉，賓主盡歡才罷休。

有一天，來了一位三十年未曾謀面的老朋友，主人喜出望外，親自下廚房烹煮，準備大宴佳賓。主人興高采烈地炊燒菜肴，細心地調配菜色，一盤一盤色香味俱佳的菜被端上了桌子。主人煮呀煮的，突然發現家裡少了醬油，趕忙把做事最為俐落勤快的小兒子找來：

「兒子！家裡來了一位叔叔，我們要好好宴請他。爸爸現在有一件急如星火的事交代你去完成，你去街口買一瓶上好的醬油回來，並且要以最快的速度買回來，否則我鍋裡的肉就要燒焦了。」

「爸爸！你放心！一切包在我身上。」小兒子鏗鏘有力地拍拍胸脯，一臉胸有成竹的神情。

主人安心地折回廚房，二十分鐘過去了，兒子還沒有回來。嗯！是不是雜貨店的老闆生意忙不過來？再耐心等一等。但是一小時、二小時過去了，兒子還是杳無蹤影，等得客人飢腸轆轆，主人急如熱鍋螞蟻。主人心想：

「莫非兒子在路上出了意外？」

各種的可能、假設，都浮現於主人的腦海，主人終於按捺不住，奪門而出去尋找兒子。主人焦急地朝街口奔跑而去，半路上卻發現自己的兒子正站在陸橋的中央，和另外一個孩子青眼對白眼，彼此對峙起來，誰也不讓誰，兒子的手中正拎著一瓶烏黑的醬油。

「兒子！你愣在這裡做什麼？我等你的醬油下鍋，你卻在這兒玩耍。」

「報告爸爸！我買好了醬油，正要趕回家，沒想到卻在橋上碰到了這個人，擋住了我的去路，說什麼也不讓我過橋。」兒子理直氣壯的申訴。

「喂！你這個小孩子，怎麼如此不講理，擋住別人的過道，趕快讓開！」莊稼人虛張聲勢地吆喝著。

「咦！奇怪了！不知道是誰擋住了誰的道路。你走你的陽關道，我過我的獨木橋，咱們誰也不侵犯誰。明明是你兒子擋了我的路，我礙著你們什麼了，哼！笑話。」一個渾身汙垢的小孩子刁鑽地搶白。

氣急敗壞的莊稼人指著小孩子大罵：

「你這個野蠻的小東西，一點也不知道敬老尊賢、禮貌謙讓。來！兒子！醬油你帶回去，讓爸爸站在橋上和他對一對。」

說完，一把將兒子推下橋，自己站上了橋面，一老一小正經八百地僵持起來。

我們日常生活中也不乏這種對立不退讓的場面，巔峰時間的交通，大家只要看到一點空隙便拚命的搶位置，結果大家全擁擠在一起，彼此進退不得，變成大塞車的怪現象。這種情形不正是譬喻中父子橋上對峙的寫照嗎？其實只要我們大家互相忍讓一點，空間自然增大，自然有迴旋的餘地。佛教的詩說：「有求不如無求好，進步哪有退步高。」退一步，海闊天空；忍三分，逍遙自在。能夠以退為進，才是真正的向前。

夢幻化城

在佛教的《法華經》中有一則化城的譬喻：

過去在印度有一個國家，國中有一群商人，聯袂到另外一個國家去經商。由於他們要去的國家遠在山之巔、海之涯，並且路況險巇崎嶇，時有惡獸出沒，大家於是決定推舉一位最有智慧的長者，做為他們的嚮導，引領他們安全到達目的地。

經過大家嚴密的會商、討論，終於選出一位經驗豐富、穩健睿智的長者來領導大家。長者吩咐大家準備好充足的糧食、健壯的馬匹、周全的裝備，一行人浩浩蕩蕩地出發，帶著全城百姓的祝福，開始他們不可知的探險。

行行復行行，一行人走過山、渡過水，一路跋山涉水、涉水跋山，走過寸草不生、黃沙滾滾的沙漠，走過荒煙漫漫、鬼魅魍魎的野外。他們馬不停蹄地趕路，白天頂著烈日、冒著風雨，不畏艱難奮進向前；晚上則搭個帳棚，圍著熊熊烈火，驅逐心中的畏懼。日子一天一天的消逝，但是目的地卻離他們那麼的遙遠！慢慢地馬病了、死了，人瘦了、倒了，終於有人生起退怯畏縮之意。

「報告長者！昨夜風雨交加中，有三個人已經離隊脫逃了，他們認為路途太遙遠了，不知道什麼時候才能到達。再這樣下去，依我看，到達目的地時，恐怕剩下沒幾人，請您千萬想想辦法。」有一位商人面有戚色地報告。

長者聽了卻神色平靜地毫無驚懼，一行人拔營繼續前進，疲憊的馬兒步履蹣跚，馬上的人也無精打采。行進間，又有人不堪勞累悄悄地離開，大家又度過了希望渺茫的一天。第二天清晨起來，長者把大家召集在一起，臉上閃爍著神祕的笑意說：

「各位仁者！幾個月來大家長途跋涉，經過無數的荒山惡水，你們大家辛苦了。但是你們的辛苦也有了代價，明天我們將到達夢幻之城，到了夢幻之城以後，再經過三天的路程，我們就可以抵達目的地黃金國了。大家要振作精神，再加一把勁，就能完成我們偉大的旅行。」

本來意興闌珊的馬隊，聽到長者的一席話，個個像灌足氣體的氣球，精神抖擻飽滿。大家於是把馬養飽，把水囊裝滿，打點行李，意氣高昂地重新整隊出發。

一夥人從星光點點的清晨，走到豔陽高照的晌午，但是仍然看不見夢幻城的影子，大家頹喪極了，正想策馬回頭，這時長者突然指著前方，笑盈盈地說：

「喏！你們看那裡不就是夢幻之城嗎？」

大家順著長者的手勢看去，果然有一座高大的城堡聳立在數呎之前，大家頓時困倦全消，手舞足蹈，狂歡地奔向夢幻之城。

有人去爬山，剛開始的時候興致勃勃，慢慢地體力不支，氣喘咻咻，就升起下山的念頭，這時善體人意的嚮導總會鼓勵對方：「再爬五分鐘就到頂點了。」畏遠畏難是眾生的通病，因此為山可能九仞，詣遠只差蹞步，卻功虧一簣，半途而廢，好比譬喻中的商人，不能堅持到底。因此，要用善巧方便引導對方，變現化城，去除對方怠倦畏遠的心理，好比政府在高速公路途中設有休息站，讓旅客填飽肚子，讓車子加滿汽油，以便再上路。對於堅毅的眾生，成就生命縱然需要漫長的三大阿僧祇劫，或者一剎那的一念頓入，都毫不退卻；但是對於心志脆弱的眾生，卻只能追求速成。夢幻的化城縱然美麗，畢竟不是真實的存在，善行的旅人，漫長的路程正所以成就他的腳力。

鹿頭人

有一個國王非常喜歡吃鹿肉，經常率領衛兵一起去打獵，捕捉麋鹿，以滿足他的口腹之欲。有一天，國王帶著大軍來到森林，把鹿群團團的包圍，一舉捉到整個的鹿族。國王很高興，命令部下生火架鍋，磨刀備砧，要把所有的鹿殺來做下酒菜。

眼看著鹿族就要面臨滅種的劫難，鹿群們哀哀地乞求饒命，向牠們可憐的命運發出悲傷的低鳴。正在危急萬分之際，高大英挺的鹿王終於想出了好的計謀，無畏地來到國王面前，為鹿族的存亡向國王進行智慧的談判：

「國王！今天我們鹿族成了您的籠中物，我們每一隻鹿都很願意成為您的糧食。只是如果您把我們統統殺掉，一來您一口氣吃不了那麼多的鹿肉，暴殄天物，實在可惜！二來您趕盡殺絕，殺光了鹿群，將來您恐怕沒有鹿肉可吃了。因此，我建議您不如釋放我們，讓我們繁延子孫，然後每月定期送一隻鹿來供養您，您就永遠可以享受美味可口的鹿肉。」

「嗯！這個主意好極了，就照你的意見去進行吧！」國王欣喜地接受了鹿王的請求。

溫馴的鹿群在鹿王睿智的奔走下，終於保住了種族的延續。從此，鹿兒們依照先後次序，按月犧牲一隻鹿的生命，滿足國王的饕餮貪婪，而挽救了一族的生存。國王吃得眉開眼笑，鹿群也愈來愈繁衍旺盛，日子相安無事地經過了三年。有一個月輪到一隻母鹿去送死，但是母鹿大腹便便，眼看自己就要臨盆了，卻碰到必須就死的難題，如果不去赴難，鹿族就有滅種的災禍；但是如果自己被殺了，腹中的孩子必然也無辜受害，一屍兩命，何其慘烈！

母鹿左思右想，只好請求其他的鹿先代自己去送死，等自己把孩子生下後再捨生。鹿兒們聽了母鹿的哀求，個個嚇得退避三舍說：

「不是我們不幫助你，好死不如歹活，雖然終究要死，但是能多活一刻，總是美好的事啊！」

傷心欲絕的母鹿，只好無助地走上死亡的道路，正在絕望間，事情傳到了鹿王的耳朵，鹿王慈悲地安慰母鹿：

「你不用擔心，儘管歡歡喜喜地去迎接小生命的到來，明天我就代替你進宮受死。」

第二天，鹿王在群鹿依依不捨的淚光下，踏著平靜穩健的腳步，從容地赴難。鹿王親自送死的消息，驚動了深宮裡的國王，派人把鹿王請到大殿，問道：

「今天怎麼輪到你鹿王親自來就死呢？莫非你們鹿群已經滅種了？那麼，今後我不就沒有鹿肉可以吃了嗎？」

鹿王聽了國王的擔憂，慘然一笑，只好把自己代替母鹿犧牲的事一五一十地告訴國王。國王一聽，慚愧極了，赧然說道：

「我雖然是個人，但是包藏著禽獸的殘暴猙獰；你雖然是隻畜生，但是懷抱著聖人的慈悲愛心。我空有人類的血肉之軀，但是卻禽獸不如，我是個人頭鹿；你雖然是畜生，但是卻能愍念眾生的痛苦，你才是個真正富有人性光輝的鹿頭人。從今以後，我國中的任何人，再也不許傷害你們的生命。」

佛教主張眾生皆有佛性，世間有背恩忘義的人，更有忠心報恩的犬狗、鞠躬盡瘁的牛馬，富有慈悲愛心的眾生，雖然是禽獸動物，卻比號稱萬物之靈的人類更崇高可敬。過去聽說老虎吃人，今日我們的社會卻不乏吃老虎，甚至蛇、青蛙、蟋蟀、蟑螂等等的人頭鹿。「我肉眾生肉，名殊體不殊；原同一種性，只是別形軀。苦惱從他受，肥甘為我須；莫教閻老斷，自忖看何如？」貪愛美食的人頭鹿們，是不是應該好好思忖，在自己享受的同時，也不忘為人間留一片仁愛的心！

呼吸之間

早晨的陽光透過茂密的樹葉，灑得祇園精舍一地的碎碎圓圓。一早出去次第乞食的弟子們，踏著莊嚴的步履，魚貫地回到精舍，為寧靜的祇園帶來一陣小小的聲響。弟子們身上的袈裟，迎著晨曦，交映出一圈金黃的燦爛。

弟子們洗完缽、洗好腳，井然有序地進入講堂。把尼師檀坐具整整齊齊地鋪好，攝心正念，準備聆聽佛陀的教示。放眼望去，佛陀早已結跏趺坐，端坐在高高的須彌座上，慈目垂視著弟子們，聲音祥和、低沉，充滿慈悲。

「弟子們！你們每天忙忙碌碌托缽乞食，究竟是為了什麼呢？」

「佛陀！我們是為了滋養身體，以便借著色身來求得生命的清淨解脫啊！」弟子們雙手合十恭恭敬敬地回答。

「你們知道肉體的生命究竟有多長久呢？」佛陀清澈的紺目環視著座中一千二百五十位弟子。

「佛陀！有情眾生的生命平均有數十寒暑。」一個弟子自信滿滿地回答。

「你並不了解生命的真相。」佛陀圓滿的臉龐有一絲的失望。

「佛陀！我們人類的生命就像花草，春天萌芽發枝，燦爛似錦，冬天枯萎凋零，歸為塵土。」一個弟子一臉肅穆的神情說。

「你能夠認識生命的短暫迅速，但是對佛法也僅止於表皮的了解。」佛陀慈祥地啟發弟子。

「佛陀！我覺得我們的生命就像蜉蝣一樣，早晨才出生，晚上就死亡了，充其量只不過一晝夜罷了！」一個弟子語氣無限悲愴地說。

「喔！你對生命朝生暮死的現象能夠觀察入微，可以說對佛法已有進入肌肉的認識。」

「佛陀！其實我們的生命就像朝露那麼虛幻，陽光一照射，它便瞬間消逝。」一個年輕的弟子當仁不讓地回答，清亮的聲音響徹講堂。

「生命譬如朝露，比喻得好，你對佛法已有入骨的體會了。」佛陀的臉上漾著笑意。

寬大的講堂裡，弟子們正在熱烈地討論生命的虛虛實實、苦苦樂樂，座中突然有一個弟子站立起來，偏袒右肩，畢恭畢敬合掌，語驚四座地說：

「佛陀！依弟子看來，人命就在一呼一吸之間。」

語音一出，群情譁然，大家驚愕地看著佛陀。

「弟子們！人命就如呼吸之間那麼剎那無常，能夠如此認識的人，才是真正體證生命精髓的人。我們切莫懈怠放逸，應該掌握生命的每一個當下，勤奮精進！」佛陀睿智的法音流入每個弟子的心田。

「諸行無常」是佛教的根本教理之一，意思是說世間沒有固定不變的東西，譬如山河大地的成住壞空、有情生命的生老病死、心理活動的生住異滅，都是無常迅速的現象。佛教雖然主張過去、現在、未來的三世，但是尤其重視現在，特別是脈搏跳動、呼吸知覺的現在。當下即是的現在，才是生命真正的存在。生命雖然無常變異，但是我們可以創造不滅的永恆；正因為生命是無常的，更能夠激勵我們轉為勇猛精進，掌握每一刻實在的呼吸，成就自己清淨的慧命。有時我們豪奢地浪擲青春，以為自己擁有享用不盡的年輕歲月，其實生命是輸不起的。

酒罈裡的祕密

過去在印度，有一對信仰婆羅門教的夫婦，新婚燕爾，兩情繾綣。丈夫於是建議妻子，到地窖裡把陳年的好酒拿來，兩人飲酒作樂一番。

妻子聽從丈夫的囑咐，掌著一盞燈，到漆黑一片的地窖取酒。走入地窖，濃郁的酒香迎面撲來。嗯！好香！醉人的香氣！妻子一臉的陶醉忘我。靠著微弱的燈光，妻子在滿室的好酒中，找到一罈年度最久、香味最醇的陳年老酒，打開封得緊緊的罈栓，一股撲鼻的酒香，頓時瀰漫於空氣之中。

妻子一手掌燈，一手拿杓，俯身正待汲酒，低頭一瞧罈中倒影，驚得花容失色，手中的木杓早已掉落地上。趕忙定睛細瞧，罈裡有一個面貌佼好的女子，正斜著眼睛睥睨著自己。妻子不覺妒火中燒，心想：

「哼！好個沒良心的東西，把狐狸精藏在酒罈裡，卻對我滿口的虛情假意，今日一定要討回公道。」

妻子氣憤地走到客廳，指著丈夫的鼻子，大聲罵道：

「你背著我把女人偷藏在酒罈中，是什麼居心？今天你一定要對我交代明白，否則夫妻恩斷情絕。」

一心等待醇酒享受的丈夫，莫名其妙地被妻子一陣獅吼，心中懊惱極了，什麼偷藏女人？子虛烏有的事情，我倒要去地窖裡瞧瞧，究竟是怎麼一回事？

丈夫小心翼翼下了地窖，打開可疑的那罈酒，仔細一看，頓時盛怒難抑：

「哼！不要臉的賤女人，自己偷了漢子，還惡人先告狀，反過來倒咬我一口。」

丈夫氣急敗壞地衝出地窖，指著妻子大吼：

「你自己做的好事，把男人偷養在酒罈裡，反而栽贓我藏女人，分明是作賊心虛。」

夫妻兩人一個說對方藏女人，一個咬定對方養男人，互相叫罵，彼此各執一方，誰也不讓誰。火爆的叫罵聲，終於驚動了兩人的婆羅門師父，請師父為自己評評理。婆羅門師父拗不過徒弟倆的爭執，無奈地說：

「你們兩位不要吵了！我自己親自到地窖裡去瞧瞧，不就真相大白了嗎？」

三人一同來到地窖，婆羅門打開罈口一看，咦！罈底有一個鬢髮如霜的婆羅門，正對著自己吹鬍子瞪眼睛，轉身指著夫妻倆大罵：

「哼！你們兩個不肖的徒弟，什麼時候偷偷去拜其他的人當師父，咱們師徒從此斷絕關係。」

婆羅門怒氣沖沖地拂袖而去，留下驚慌失措的小夫妻。錯愕間，恰巧來了一位出家沙門，問明了原由，帶著小夫妻來到禍因的酒罈之前，拿起一塊大石頭，奮力朝罈中擲去，一聲「碰」的巨響，漆黑發亮的酒罈裂成碎片，甘冽甜美的瓊漿玉液溢了滿地。剎那間，女人、男人、婆羅門的影像都不復存在。

《金剛經》說：「凡所有相，皆是虛妄。」我們常常無端製造一些假相，然後執迷於自作的幻相，引起無謂的煩惱，就像故事中的男相、女相、人相、我相，都是自己愚痴造作出來的。我們常聽別人說：「我親眼看見的。」「我親耳聽見的。」親眼看見的，把弓弦看成蛇，而有杯弓蛇影之驚；親耳聽見的，把颯颯風聲當做千軍萬馬，而有草木皆兵之疑。我們處事接物，要以禪的定力、智的慧眼，不眩不惑，來照破假相的虛妄迷離，才能明明白白洞見諸法（現象）的實相。

三里路的歡喜

有一個國家土地非常的貧瘠，尤其是氣候乾燥，缺乏充沛的水源，全國老百姓賴以為生的活水是深山中的一口潭泉。每天早上，可以看到許多的人民提著桶子、拿著瓶子，絡繹不絕地來汲水，解除一家的乾渴。

老百姓除了要為自己的家庭提水之外，並且要輪流為遠在皇宮裡的國王以及他龐大的眷屬、侍衛、僕從，運送每日的用水。

從華麗的皇宮到水源的地方，不僅路程遙遠，走一回就需要五里路，來回十里路，少說也要幾小時；並且路面崎嶇難行，老百姓挑著沉甸甸的水，一路顛躓到皇宮，水已經灑掉了半桶，又要額外多走幾趟，備嘗辛苦。

老百姓雖然苦不堪言，但是迫於國王的淫威，不敢不服從勞役，而心中的怨忿已至四海沸騰的地步。國中的官員深怕因為用水而釀成不可收拾的民變，於是把老百姓的怨聲反應給國王知道，國王便把人民召集到皇宮來，了解百姓們真正的想法。

「你們每日挑水覺得很辛苦嗎？」

「報告國王！我們每天要走到深山裡挑汲清涼的泉水，路面坎坷不平，實在非常的不方便。」一個長相忠厚的莊稼漢子，沙啞著嗓音代表大眾報告。

「從我們的村莊到水潭，要走上五里路，路程實在太遠了，而且又沒有代步的工具，肩上挑負著沉重的水，每天來回幾趟，走個數十里，把壯丁的腰都給走僂曲了，頭髮也給走斑白了。」一個白鬍子老爹語重心長地說。

國王聽到大家七嘴八舌的高談闊論，憂心忡忡地說：

「你們大家辛苦了！可是我們不能不挑水呀！沒有了甘霖般的清水，大家將會乾渴而死。我們一齊來想想辦法，看看誰有良策解決我們的困難。」

「我們可以建造一輛水車，用人畜的力量來拖拉車子，既省力氣，又可增加水的運輸量。」一位長者提出睿智的建議。

「這個意見雖然很好，但是仍然沒有解決路途遙遠的痛苦問題。」國王不置可否。

「我們可以連接一條水管，把深山的潭水一氣呵成連接到我們居住的村落，不就一勞永逸、永絕憂慮了嗎？」一個青年異想天開地語驚四座。

大家你一言、我一語，競相發表自己的高見，但是仍然無法決定最妥善的辦法。

正在大家議論紛紛莫衷一是的時候，有一個一臉拙樸的青年從座中慢條斯理地站起來說：

「我認為只要把五里路改稱為三里路，路途縮短了，不就根本解決路程遙遠的問題了嗎？」

「好極了！這個辦法太好了！從此我們再也不必行走五里路，只要走三里路就可以挑到水了。」全城的老百姓雀躍奔告五里路改為三里路的喜訊。

佛教有四依法：(1)依法不依人；(2)依智不依識；(3)依了義不依不了義；(4)依義不依語。有時我們太著意於表相的語言文字，反而忽視了事相的內涵真諦，比如譬喻中的五里路改三里路，改變的只是虛假的名稱，對於事情的實際情況並沒有增益，而這種掩耳盜鈴的愚痴行徑，有時反而讓我們昧於真相，徒然貽笑大方。

盲龜浮木

在佛教的《雜阿含經》有一則描繪「人身難得」的譬喻說：

在冰冷、闃黑、遼闊、一望無垠的茫茫大海之中，住了許多的水族，牠們有的身軀龐大如船艦，有的嬌小如丸石；牠們有的壽命綿長如天地，有的短暫如晝夜。在幽暗的大海深處，住了一隻烏龜，這隻烏龜的壽命有三大阿僧祇劫。宇宙從形成到毀滅，經過成劫、住劫、壞劫、空劫四個階段，這成住壞空的一週循環，稱為一大劫。三大阿僧祇劫，等於3×10^{59}大劫，換句話說，就是經過3×10^{59}遍的成住壞空的變化時間，因此三大阿僧祇劫就是無量無盡的時間。

這隻烏龜雖然壽命比宇宙還要漫長，但是牠的雙眼卻瞎了，看不見一絲的光明，在漆黑的深海裡，牠生活在永無止境的黑暗之中，而每經過一百年，這隻盲龜才有機會浮出廣袤的海面，呼吸海面上清涼的和風，嗅嗅大海鹹鹹的味道。

白浪滔滔的大海中，飄蕩著一根長長圓圓的浮木，浮木的中間挖有如龜頭一般大小的洞孔。亙古洪荒以來，浮木就隨著驚濤駭浪忽東忽西，載浮載沉。瞎了眼睛的

盲龜要憑藉牠的感覺，在茫茫的大海中，追逐浮木不定的方向。當每一百年才浮出一次水面的盲龜，牠尖尖的頭恰巧頂住浮木小小的洞穴時，如此千載一時、一時千載的機緣，烏龜便能重見光明，獲得人身。

有一個一百年，烏龜好不容易浮出了水面，但是波濤洶湧的大海之中，浮木究竟在哪裡呢？盲龜漫無目的地隨波逐浪，尋找牠那不可測度的未來。盲龜游呀游的，突然，軟軟的頭頂好像觸到了尖硬粗糙的東西。喔！是浮木！盲龜欣喜若狂，拚命地朝浮木游去，頭頂奮力一頂，希望能嵌入浮木的洞孔。眼看盲龜就要頂住浮木，但是突然一陣巨浪排空打來，浮木隨著碧波從盲龜的身邊滑了開去，一百年的機遇就如此的輕逝。盲龜失望極了，一個浪頭掩來，一個踉蹌，盲龜失足又跌到深邃的海底，重新等待綿綿無止期的再一個一百年。

潮來潮去，潮去潮來，一百年一百年的歲月更替流逝，盲龜依舊沉浮於生死的洪流大海，找不到那決定牠命運的浮木。又一個一百年，當盲龜再度浮出水面，頭才接觸到清涼的空氣，突然一頭撞進浮木的小小洞孔，轟然一響，眼前霎時霞光萬丈，盲龜終於脫離久遠以來笨重的軀殼，蛻變成為一個俊秀的童子，睜開眼睛覷著滾滾的紅塵。

我們愚痴凡夫被利欲蒙蔽了心眼，就像盲龜一般，無始劫來在愛河欲海之中漂流輪轉而不自覺；而我們能夠暫時保有人身，比盲龜每百年浮出海面，因緣際會能夠穿入浮木的洞孔還要稀有難得。因此我們今日能夠擁有寶貴的人身，不僅不能任意加以戕害，並且要善加愛護運用，發揮生命的潛能，做一隻已經開眼的靈龜！

《維摩詰經》說人身像泡沫，不可觸摸；人身像火燄，從渴愛而生；人身像芭蕉，脆弱不堅實；人身如夢幻，從顛倒而起；人身如影子，業力所化現；人身如聲響，因緣所成；人身如浮雲，須臾變滅；人身如閃電，念念不住。……如此虛妄無常的人身，我們慶幸保有它之後，不必貪執戀棧，縱欲享樂，而應該借由短暫生滅的人身，修得永恆不滅的生命。「此身不向今生度，更待何生度此身？」人身難得今已得，我們打算如何過我們的人生，才不枉為人身一場呢？

心肝在樹上

有一隻雄鱉和一隻獼猴，兩個感情非常的深厚。獼猴常常從森林密處的住家，來到河畔邊，邀約雄鱉到森林裡去遊玩。因為獼猴見多識廣，對於森林裡的走獸飛禽，每一個族類的形狀、習性，動物世界裡的規矩、制度，都瞭若指掌。雄鱉每次聽到獼猴如數家珍的描述，心中油然恭敬獼猴的學問深遠廣博。因此，每日午後的約會暢談，成為雄鱉與獼猴的快樂時光。

雄鱉每天焦慮地期待午後時刻的到來，然後行蹤神祕詭異地溜出門，夜幕低垂了，才歡歡喜喜地回來。雄鱉不假外出的行徑，引起善妒的妻子——母鱉的猜疑，於是派出小鱉悄悄地跟蹤。盯梢的小鱉一路緊跟著雄鱉，到了蓊鬱的叢林裡獼猴居住的木屋，聽到窗內輕脆似銀鈴的笑聲，喔！原來是這麼回事！

小鱉跌跌撞撞趕回河畔，把訊息轉告焦急等待的母鱉：

「不得了！你家老公金屋藏嬌了！」

「怎麼可能？我家老公憨厚老實，何況我管教嚴格，絕對不可能做出如此大膽的事情。」母鱉半信半疑地。

「不信你自己到獼猴的小木屋看看究竟，不就真相大白了嗎？」小鱉一副興風作浪的神情。

一日，不放心的母鱉果然跟隨丈夫身後，發現了小木屋的祕密，醋勁大發：

「哼！花心的東西！竟敢背著我做出如此天大的事情。不過，這一切都是可惡的獼猴所牽引的線，我一定要設法除掉獼猴，缺少了媒介助緣，老公就無法拈花惹草了。」

主意已定，母鱉打草不驚蛇地等待雄鱉的歸來。然後，溫柔體貼地對丈夫說：

「我最近心臟老是絞痛，今天特地去看了醫生。醫生說我得了一種怪病，雖然為我開了上好的藥方，但是如果沒有特別的藥引，恐怕也回生乏術。」

雄鱉一看妻子一副雙眉緊蹙、西子捧心的神情，著急極了，急忙問：

「是什麼藥引子？」

「醫生說要有智慧的獼猴的心肝做藥引，才能救得了我的命。」母鱉欲言還止地覷著丈夫。

雄鱉轟然如雷擊頂，但是為了心愛的妻子的生命，只好犧牲寶貴的友誼。第二天，雄鱉如常地趕赴他和獼猴的約會。兩個朋友一如往昔有說有笑，春風談笑間，雄鱉忽然抽出一把鋒銳的利器，向著獼猴說：

「對不起！我和你雖然是摯交好友，不應該對你不仁不義。但是由於我的妻子得了怪病，需要你的心肝做藥引，請你看在多年情誼上，成全我的請求吧！」

獼猴聽了雄鱉愚昧的請求，故作熱情而平靜地說道：

「說什麼不仁不義？好朋友有急難，本來就應該互相幫忙。你怎麼不早說呢？我剛才出門的時候，把我的心肝放在屋後的大樹上了，你陪我一塊兒回去拿吧！」

兩個朋友一前一後來到了小木屋，獼猴馬上爬上高高的樹梢，義正辭嚴地指著雄鱉說：

「愚痴的鱉啊！你為了妻子的無明而不惜犧牲真誠的友情。天下哪有以他者生命來換取自己壽命的道理？何況哪裡有心肝不帶在身上，而掛在樹上的蠢事？你真是愚昧至極啊！」

我們的心中有許多的煩惱，大要之有五種：貪、瞋、痴、慢、疑。恩愛夫妻起了猜疑，恩情毀於一旦；知心朋友有了嫌隙，友誼絕於一夕。因為懷疑，使我們昧於事情的真相，起了貪瞋的念頭，而做出愚痴的行為，因此五種根本煩惱是彼此互通的。我們為學時應該無疑處有疑，為人時則要有疑處無疑，如此必能有坦蕩清明的人生。

三車火宅

在佛教的有名經典《法華經》中，有一則含意深刻的譬喻：

有一位富甲天下的長者，養有三個聰明伶俐的兒子。最小的兒子長得清秀可愛，不脫稚氣天真；第二個兒子活潑好動，對任何事總充滿好奇；最大的兒子沉著穩健，處理事情總能臨危不亂，長者時常以擁有人間這三樣至寶而欣喜滿懷。

有一天，長者出門去拜訪朋友，賓主盡歡，長者一路回味著剛才與朋友相聚的快樂情形，直至日薄崦嵫才回到家裡，暮色蒼茫中，看到一團殷麗的火球正懸掛在自己的屋後，並且跳躍著閃爍迷離的火燄。長者定睛一瞧，嚇出一身冷汗，原來那美麗的火燄並不是夕日的餘暉，卻是祝融的猙獰牙爪。長者定心一想：糟糕！自己那三個粉雕玉琢的孩子正在屋子裡戲耍，渾然不知人世的無常侵逼。

危急中，睿智的長者想出一個辦法，趕忙叫僕從準備一輛鹿車，上面裝滿了新奇有趣的童玩，並且把鹿車推到門口，命令僕人搖動鈴鐺，以吸引兒子們的注意，快速逃離火宅。沉醉於嬉戲玩樂中的小兒子，突然聽到悅耳的鈴鐺，抬頭一看：一隻溫馴

的麋鹿載著滿車的玩具，於是跑出烈火熊熊的房子，蹦跳上鹿車，開心地玩了起來。

火勢繼續蔓延，內屋中的兩個兒子仍然沒有逃離火窟，長者十萬火急地叫人另外準備一輛羊車，羊車上放置了許多璀璨的奇珍異寶，比鹿車上的童玩更為稀世罕見。正在屋內遊戲的二兒子看到羊車上的奇珍異寶，再看看自己手中把玩的東西，宛如天壤之別，於是也捨離火宅，爬上了綿白的羊車上，聚精會神地賞玩滿目琳瑯的寶貝。

長者看到二兒子終於平安地離開大火中的房屋，正要鬆一口氣，驀然一想大兒子還陷身在恐怖的火宅裡，焦急地叫僕人準備一輛牛車，車上堆積了如山的琉璃七寶，光彩奪目。屋裡的大兒子看到青牛車上的七寶，欣喜地走出屋子，一躍而上牛車，小心翼翼地數起來。

在長者的苦心孤詣安排下，三個兒子雖然毫髮未傷地逃離了烈火的吞噬，但是各人在自己的車上卻忘我地玩耍起來，對於周遭的危險完全漠然不覺。長者擔心大火繼續燃燒，傷及無辜，於是命令僕人把自己最心愛的大白牛車牽來，把人間難見的栴檀赤樹、摩尼寶珠放在大白牛車上，以轉移兒子們的喜好。兒子們看到曠世難得的栴檀摩尼，果然紛紛捨棄鹿車、羊車、牛車上的珍玩寶物，跳上了絕世僅有、無以倫比的大白牛車。

我們的生活中充滿無明的烈火、貪婪的愛欲、熱惱的瞋恨、愚昧的邪見，彷彿一團一團的火燄逼煎著我們的身心，這個世間就像那熊熊焚燒的房子，因此佛教把人世間譬喻為火宅，說「三界如火宅」。而我們眾生就像那陷身火窟中而不自知的三個兒子，無常生死之前，仍然耽溺於危險的遊戲。貪愛、瞋恚、愚痴，使我們看不到隱身其後的可怕煉獄，而使自己成了被愛欲無明紋身的小孩。佛教有一句話說：「欲令入佛道，先以欲鉤牽。」為了讓我們逃離火宅，有智慧的聖賢只好運用方便權巧，先以鹿車、羊車、牛車的稀奇寶貝暫時來吸引我們的注意力，然後再引導我們登上純淨無雜的大白牛車，得到人世最究竟無染的珍寶。我們究竟想要追求鹿車、羊車、牛車，或者大白牛車，就決定於自己智慧的抉擇了。

一比多更好

有兩位相交多年的朋友，結伴到遠地去經商，兩人身上各自攜帶了大把的黃金和珠寶。由於他們要去的地方，一路上荒山惡水，時有盜賊出沒搶劫殺人，因此兩人把各自信奉的神明聖像，戴在身上，以避凶煞。

趙大明一家是虔誠的佛教徒，他信仰觀世音菩薩已經有多年的歷史，他平時走路、做事總是稱念著觀世音菩薩的聖號，這趟出遠門，他特別把一塊用翠玉刻成的觀音聖像，掛在頸項，以保平安。

王來發是一個腦筋機伶，善於察言觀色的商人，他經常到各寺廟、教堂膜拜各路神明，保佑他財運亨通，事業發達，因此三教九流的神像，譬如媽祖、城隍、財神、土地公、孔子等都是他祈求的對象，甚至伊斯蘭教的穆罕默德、基督教的耶穌，他也禮敬有加。為了周全起見，他把所有神像、香火都掛在身上、藏在懷裡，然後才安安心心地出門。

他們兩人一路餐風飲露、晝行夜伏，走過人煙稠密的市鎮，賣了一些貨品，攢了一些銀子；也走過人跡罕至的僻壤，打尖住店，繼續趕路。如此行行走走，有一天晌午，他們走到一處山間，放眼望去，荒草漫漫，前不見村，後不著店，峭壁聳峙，飛鳥絕跡，一條銀帶從空瀉下，憤怒地奔向山谷，兩人迷失在草寇時常出沒的惡山。烈日熾盛，兩人無奈只好棲息在一棵大樹之下，找出乾糧療治轆轆的飢腸。

兩人正津津有味地嚼著大餅，突然間，從茂密的草叢中竄出一個頭戴皂巾、手提鋼刀的魁梧大漢，橫眉豎目地大吼道：

「哈哈！留下你們的買路財，本大爺正缺銀子花。」說完，伸手便搶兩人的包袱。兩人一看多日來的辛苦買賣，付諸泡影，不顧生命危險，抓住包袱緊緊不放，卻因此惹惱了強盜，揮刀便砍。趙大明只覺眼前白光閃爍，嚇出一身冷汗，慌亂中不覺脫口念道：

「南無大慈大悲觀世音菩薩！」

耳畔只聽到「噹啷」一聲，鋼刀結結實實地砍向自己的脖子，人順勢一倒，昏厥了過去。過了一個時辰，才悠悠醒來，以為已經身首離異，不在人間。低頭一看，頸項的翠玉觀音被鋼刀劈成了兩半。喔！原來觀世音菩薩救苦救難，以身體保護了自己。再反觀王來發正躺在血泊之中，原來在激烈的拉扯中，被盜賊砍去了一隻手臂，只聽到他正在埋怨身上的眾神明說：

「各位神明！你們實在太不夠意思了！平日我對你們大家多麼尊敬，三牲四禮祭拜你們，庫銀紙錢燒給你們。今天弟子我有難，你們沒有一個挺身出來救我。人家趙大明只信仰一位觀世音菩薩，菩薩就奮不顧身保護他。」

眾神明聽到王來發的牢騷不滿，面面相覷，無言以對。最後媽祖終於站出來說話：

「王先生！你不要生氣！不是我們眾神明不救你，而是在這麼多的前輩之前，搶先出來搭救你，是非常僭越不謙虛。當盜賊拿刀要殺你的時候，我們也想推派一位代表出來救你，我們請玉皇大帝出面，玉皇大帝就請城隍爺，城隍爺推薦孔子，孔子就謙讓給耶穌，耶穌請穆罕默德……就在我們彼此推讓舉薦的時候，哪裡曉得你的膀子就被砍下來了！」

我們的觀念裡總覺得多比一大，多比一好，金錢愈多愈好，房地產愈多愈好，這種貪多的心理，轉為信仰，便成為貪求、貪婪的宗教信仰。其實一比多還要大，一群酒肉朋友，不如二三知己；汪洋鹹海，不如一滴清水可以滋潤草木；妄想紛飛的雜念，不如專精一念的清明智慧；多神宗教的祈求膜拜，不如一心不亂的虔誠信仰。能懂得一的至微至大，才能擁有一切的無盡無限。

吉祥草

佛陀在世的時代，在印度有一位孤寡的母親，膝下只生了一個獨子，既無伯叔姨舅可依靠，也無兄弟姐妹相扶攜，煢煢孑立，孤苦伶仃。這位母親對於終身希望所託的兒子，疼愛倍加，生怕一個閃失，失去了唯一的寄望。寡母孤兒相依為命，日子倒也過得平靜。

有一年，村落流行著一場瘟疫，小孩子因為抵抗力薄弱，無辜地被攫走數條稚幼的生命，寡母鍾愛的兒子不幸地也死於這場流行疾病。傷心欲絕的母親不能接受這個殘酷的事實，每天摟抱著氣絕已久、全身冰冷的孩子，號啕悲哭，痴迷地對著孩子喃喃呼喚，企圖喚回孩子那可愛的笑靨，但是孩子所回應的是亙古寂然的無言。

從此婦人像喪心病狂一般，碰到任何人便哀哀祈求：

「什麼人帶走了我的孩子，把我的心肝寶貝還給我！」

「我的孩子死了，天哪！什麼人能救救我的孩子？」

可憐的婦人活在喪子的悲痛之中，哭斷了柔腸，哭碎了慈母的一顆心；哭乾了淚水，哭出了一眼的血淚，街坊鄰居們愛莫能助，大家不知道如何來幫助這位不幸的母親。

不可思議的因緣來了，佛陀帶著一千二百五十位的弟子來到了這個國家，並且接受國王的邀請，敷座說法，人們扶老攜幼都到精舍，聆聽佛陀宣說妙法。有一個村人不忍心婦人沉淪在錐心拆骨的痛苦深淵，把婦人引進到佛陀的座前，希望佛陀給她一些啟示。佛陀慈悲地看著婦人說：

「婦人家！你喪失了人間最珍貴的寶物，你只要找到一樣東西，我就有辦法救活你的孩子。」

絕望中的母親，聽到佛陀充滿光明、生機的法音，抬起淚水迷濛的雙眼，無限期盼的注視著佛陀說：

「佛陀！只要能救活我的孩子，任何東西我都願意去尋找！」

「你如果能找到吉祥草，把它覆蓋在你孩子的身上，你孩子便能起死回生，可愛如昔。」

「什麼叫做吉祥草？要到哪裡才採得到呢？」

「吉祥草生長在從來沒有死過親人的人家之中，你趕快去尋找吧！」

懷著一線希望的母親，鍥而不捨挨家挨戶地尋找那挽救她兒子的靈芝仙草，每到一戶人家，便恭敬合十問道：

「請問你家曾經死過人嗎？你家裡有吉祥草嗎？」

「我家沒有種植什麼吉祥草，我家二個月前才死了個老人家。」

被問到的人知道她遭遇喪子的巨痛，雖然被詢問到如此唐突的問題，但是也不以為意。只是沒有一個人家不曾死過親人的，婦人失望極了，世間之大，竟然沒有一人能夠救護她的孩子。佛陀於是開示她說：

「你終於明白任何人家沒有不曾死亡過親人的道理。世間上一切萬法有生必有死，有生必有滅，諸行無常的生滅現象是自然的法則，任何有生命的有情眾生，必定要經過死亡的過程，因此你兒子的死亡也是一種必然的實相。」

佛教的三法印之一——諸行無常，認為世間沒有永恆存在不變的事事物物，譬如有情眾生的人類有生老病死的現象，山河大地的器世間有成住壞空的變化，而我們的心則有生住異滅的剎那生滅，沒有一樣東西是恆常不變異的。在詭譎幻滅的生命流轉中，有的人求長生，有的人求永生，但是只要有生，必有滅異，因此佛教主張無生。無生並不是自戕生命，否定生命的可貴，而是超越生死輪轉，雖處生死，也不為生死所苦，進而透過修持，不再於六道生死流中受生，契入真理，那就是一種「花開無生見如來」的清淨生命。無生，是不在痛苦中打轉的快樂生命。

自性靈山

有一個佛教信徒，名叫王大有，他一心稱念阿彌陀佛的聖號，一意祈求阿彌陀佛接引他往生西方極樂世界，別人向他提及其他的宗派、經典，他都一概拒絕不聽，擇善固執幾至頑冥不化的程度。

有一次，他所居住的村莊遭逢洪水的侵襲，全村的房屋、橋梁被沖毀殆盡，人命、牲畜的損失更是無法計數。洪水淹沒了村落，也淹沒了王大有的房子。王大有情急之下，爬到屋頂上去避難。眼看滾滾的水浪不斷的漲高，王大有趕忙攝心正念大聲稱誦：

「大慈大悲救苦救難阿彌陀佛！趕快來救我！」

滔滔的大水憤怒地嘶吼著，眼看就要淹至屋頂，突然在漫漫一片的濁浪之中，從遠處急速地飄來一葉獨木扁舟，舟上坐了一位皮膚黝黑、孔武雄壯的原住民同胞，鋼鐵一般的雙臂正奮力地划動著木槳，流星逐月似地划向村落而來。看到危難中的王大有就高聲大呼：

「喂！你趕快下來搭乘我的獨木舟，讓我載你到安全的地方！」

求救無門的王大有看到駕著獨木舟的原住民，卻無動於衷地拒絕：

「你這片小小的獨木舟太危險了，怎麼抵擋得住大水的波濤洶湧？我不會搭你的船，我有阿彌陀佛來救我。」

一腔熱忱的原住民兜頭被潑了一盆冷水，只好悻悻然駕著獨木舟隨波逐浪走了。

洪水繼續地漫淹，淹過了屋頂，漲到了王大有的腰際，王大有更用力地稱念阿彌陀佛的聖號，希望彌陀感應，慈悲接引。王大有引頸企盼著，一望無際的遼闊水面，突然傳來「ㄅㄅ！ㄅㄅ！」的馬達聲，一艘汽艇迅速地駛到岌岌可危的屋前，船上坐了一位漢子，焦急地對王大有招手說：

「請你乘坐我的汽艇離開這生死欲流吧！」

王大有瞧了汽艇一眼，淡淡地說：

「我生平最不喜歡科技文明了，你走吧！我有阿彌陀佛的西方船來救我！」

汽艇上的漢子冷不防蚊子叮到鐵牛，無所著力處，也只好無奈地離開了。洪水迅速地升漲，淹到了王大有的胸前，眼看王大有就要淪為波臣了，他全神貫注一心稱念：「阿彌陀佛快來救我！」千鈞一髮之際，天空中一架直升機翩然而降，一位金髮藍眼的空軍健兒熟練地放下雲梯，對王大有道：

「快點上我的飛機來吧！再遲疑就來不及了！」

固執的王大有依然不改初衷道：

「我一向討厭你們老外，何況我是要到阿彌陀佛的西方極樂世界，而不是到你們老外居住的西方世界。」

碰了一鼻子灰的老外，只好駕駛著飛機離開。洪水終於淹沒了王大有的頭頂，阿彌陀佛卻始終沒有出現在王大有面前。雖然如此，王大有因為念佛的善根善因，一縷神識還是幽幽邈邈往生了西方極樂世界。王大有見到了阿彌陀佛就埋怨道：

「阿彌陀佛！你實在太不慈悲了！弟子平時、忙時，甚至碰到水災時，都一心稱念你的名字，但是你卻沒有現身來救我，那麼稱念你的聖號，還有什麼功德、感應呢？」

三十二相莊嚴的阿彌陀佛聽了，慈和地笑道：

「你遭遇水難命在旦夕時，我趕快變化一葉獨木舟去渡你，你嫌棄獨木舟短薄危脆，堅不上船；不得已我又變化一艘汽艇，你又厭惡現代科技文明，自絕生路；但是我還是再變化一架直升機去救你，你卻生起種族對待觀念，而斷送命根。像你這樣妄生差別心，縱然佛陀現在你的面前也沒有用，你還是再回到娑婆世界磨鍊修持吧！」

佛經上說：「一翳在眼，空花亂墜。」好比眼睛裡長了東西，遮蔽了視線，看不見璀璨的陽光，卻反而責怪太陽不夠明亮。我們的心眼被不正確的知見障礙了，我執我見，自以為是，見到的只是亂墜的空花，而不能見到真實的相狀，與真理相契合。稱念彌陀聖號，應該與彌陀如來的慈悲、智慧、圓融法身，深心相印，否則喊破喉嚨也是枉然。「佛在靈山莫遠求，靈山就在汝心頭；人人有個靈山塔，好向靈山塔下修。」自性靈山彌陀，就在你我的當下一念認知。

身爲苦本

有一位出家人坐在石窟裡面，結跏趺坐，斂目攝心，屏除一切雜念，用功精進，觀照自己的本性自心。出家人正在全神貫注，努力參究本來面目的時候，耳畔突然傳來一陣吱吱喳喳的嘈雜聲音，仔細一聽，原來是四隻動物對於世間的痛苦現象，正在進行一場激烈的辯論，只聽到鴿子說：

「俗話說：人為財死，鳥為食亡。像我們鳥類每天為了覓食，要展翅飛翔數里之遙，甚至要越過海洋，飛躍山巒，才能找到裹腹的食物。有時找不到食物，就要忍受飢餓的痛苦，因此世間上什麼最苦？求不得的貪婪欲望最為痛苦。」

鴿子的話才說完，盤踞在樹上的蟒蛇懶洋洋地答腔：

「貪欲固然痛苦，但是瞋恨對於身心的侵逼更是巨大。像我們蛇族是最具有瞋恨心的動物，我們伸著長長的蛇信，固然能夠驚嚇人類走獸，但是我們自己每天也生活在瞋恚之中，飽受憤怒之火的焚煎，因此我認為瞋恨才是世間最難忍受的痛苦。」

鴿子、蟒蛇相繼發表高論，一隻剛剛失掉獵物的狐狸垂頭喪氣地走過來說：

「在貪、瞋、痴、慢、疑的五大煩惱中，懷疑最為痛苦。我們狐狸生性多疑，當我們在獵取食物的時候，總要經過縝密的判斷、敏銳的觀察，然後才迅雷不及掩耳地付諸行動。但是有時我們的猜疑個性，卻也讓我們功虧一簣，留下憾恨，因此我覺得懷疑最痛苦。」

一旁攀著樹藤，在叢林間搖盪跳躍的猴子，突然靜止了下來，意味深長地對著鴿子、蟒蛇、狐狸說道：

「你們都錯了！貪婪、瞋恚、懷疑，雖然都不是令人愉快的事情，但是比起我猴子的痛苦，你們的煩惱實在是微不足道。我們猴群每天生活在樹林裡面，吃的是野果，喝的是溪水，哪裡比得上你們的珍肴美味？但是我們卻要時時提心吊膽獵人那支死亡的箭，什麼時候會射中我們，奪去我們的生命。因此，恐懼才是世間最可怕的東西！」

四隻動物你一言、我一語，彼此堅持自己的看法，誰也不相讓。禪坐中的出家人被吵得無法安定，只好出定對著四隻動物說：

「各位仁者！你們對於痛苦的認識都不夠徹底，只看到了枝末的問題，其實身體才是一切痛苦的根本來源！」

老子說我們人類之所以有大患，是因為有身體的緣故，佛教則說「身為苦本」。因為有身體，所以每天要奔波忙碌，給它吃美味可口的食物，穿著華麗昂貴的衣服，甚至為它汲汲鑽營，珠光寶氣一身戴。生病了，要為它診斷治療；衰老了，要為它延續青春。因此有人為它整容拉皮，希望留住少年歲月；有人為它辟穀煉丹，企圖永遠長生不死。其實這種對身體的愛戀，就是我愛、我執、我見，而我愛、我執、我見的煩惱，正是生死輪迴的根本原因。佛教說人生有生、老、病、死、求不得、憎相會、愛別離、五陰熾盛等八苦，這八苦都和身、我愛離開不了關係。身體危脆如芭蕉，虛幻如泡影，我們應該了知身體的虛幻不長久，好好運用有質礙、有極限的肉體，開創有意義的智慧生命，才不枉為「人身」一場。

惡習難改

有一隻奇毒無比的蠍子，站在江邊，望著滔滔翻滾的大江興歎，不知如何才能渡過江河，到達彼岸。毒蠍正在一籌莫展的時候，突然看到一隻烏龜慢條斯理地爬向海灘來。毒蠍欣喜萬分，趕快向前打躬作揖，堆滿笑容對烏龜說：

「烏龜大哥！你要到哪裡去啊？」

烏龜看到一臉詭異笑容的毒蠍，趕快警覺地把自己縮進硬硬的殼內，戒慎警惕地打招呼：

「蠍子老弟！你好，我正打算回到我對岸的家。」

「好極了！我也正要到對岸去，能不能麻煩你順便載我一程。」毒蠍搶著說。

「不行！你們蠍子毒性惡劣，萬一中途你咬了我一口，我不就喪失了生命，我不做如此的蠢事！」烏龜一口回絕。

「烏龜大哥！你放心啦！如果中途我咬你一口，我自己也會淹死於江中，你想我會拿自己的生命開玩笑嗎？拜託你行行慈悲。」

憨厚的烏龜禁不起毒蠍的苦苦哀求，萬般無奈地答應：

「好！我答應載運你過河，但是你切記不可以咬齧我，否則我們兩個將會同歸於盡，淪為波臣。爬上我的背脊來吧！」

烏龜載著毒蠍在江中載浮載沉，毒蠍趴伏在烏龜的硬殼上，興高采烈地欣賞兩岸風景。一個高高的浪頭打過來，眼看烏龜和毒蠍就要滅頂，但是烏龜就像個善於游泳的潛夫，身手矯健躲過一朵一朵的浪花，贏得毒蠍雀躍的鼓掌。

烏龜正在為自己的游泳技術竊竊自喜的時候，突然傳來一陣劇烈的刺痛，氣急敗壞地責怪毒蠍道：

「我好心好意載你過河，你怎麼可以不守信用以毒針刺我？我被你咬死了，對你又有什麼好處呢？」

「烏龜大哥！我也知道和你約法三章在先，不能食言而肥，自毀信譽。但是我們蠍子咬人咬習慣了，看到有生命的東西，不自覺地就會咬他一口。對不起，我不是故意咬你的！」毒蠍無辜地請求原諒。

毒性迅速地蔓延烏龜的全身，烏龜終於支持不住，載著毒蠍一齊沉到了江底，為自己當初的輕率允諾深深懊悔不已！

佛經上說我們一個人煩惱易斷，習氣難除。俗話說：「江山易改，本性難移。」這難移的本性，指的就是我們的習性、習氣，也就是平常所說的習慣。譬如一個抽菸多年的人，時間久了，拿菸的手指之間所留下的黃色菸味，就是習氣。菸灰缸裡的菸蒂容易洗滌乾淨，但是指縫間的濃濃菸味卻不容易去除。我們日常生活中不知不覺地養成了許多不良的習性，有的人嗜賭成性，有的人瞋恨成性，有的人好名成性，有的人貪財成性。這些惡習不但阻礙了我們進步，甚至因此奪走我們寶貴的性命。譬喻裡的毒蠍明明知道不能輕易一咬，但是仍然無法控制習性，反為習性所控制。因此培養好的習性、好的習慣，多麼重要！其實，一切諸法本無自性，沒有不能改變的習慣，只要有智慧，仍然可以轉陋習為善習！

這裡就是地獄

有一個人名叫錢琨，平日好吃懶做，遊手好閒，因為不治生計，又無恆產，沒有多久，便以壯年之軀餓死了。錢琨死了之後，一縷魂魄飄飄渺渺地遊蕩著，不知要投胎於哪一道？正在茫然無措間，突然看到一位官爺模樣的大漢，向他頻頻招手，錢琨趕忙飄了過去，打揖回應。衙役打扮的大漢對他說：

「錢琨！你跟隨我去轉世吧！」

錢琨跟著大漢來到了一個地方，只見到處掛滿了大塊大塊的魚肉，池子裡蓄滿了一池一池的瓊漿，散發出濃烈撲鼻的酒香。除了這誘人的肉林酒池之外，一間一間的房子還裝置了各種稀奇罕見的遊樂器具，看得錢琨眼花撩亂，垂涎欲滴。大漢指著滿室芬芳的酒肉，對錢琨說：

「這些好吃的酒肉，好玩的欲樂，都是你的因緣業報所應該得到的，你好好享受吧！」

說完淡淡一揮手就走了，餓得兩眼昏花的錢琨，餓虎撲羊似地扯下一大塊肥肉，大口大口地吃將起來，大快朵頤。

沒想到這世間竟有如此美妙的地方，不用每日勞動筋骨，辛辛苦苦去賺取糊口的蠅頭小利，便能享受美味的甘脂，啜飲馥郁的濃酒，這一定是祖上積有陰德，自己前世有修善，今生才有如此快樂的果報。錢琨洋洋得意地思忖，對於自己能夠轉生在這樣的世界滿意極了，每天放縱欲望，盡情吃喝玩樂，不稍節制。

日子，在愜意中逝去。第一個歲月，錢琨在驕奢中和欲望追逐遊戲，有時把自己泡浸在酒池裡，竟日醉氣薰天，根本不知道智慧、清明為何物？不過錢琨對於如此縱情享樂的生活卻眷戀執迷，一點也不思改變。第二個年頭，錢琨漸漸厭煩這種只有欲樂、沒有奮進的靡爛生活，雖然偶爾也動念亟思振作，但是又隨著自己頑強的業感而沉淪欲望的谿壑。

第三個寒暑悄然而至，錢琨對於這樣一成不變的享樂日子，已經無法忍耐，央求看守他的大漢說：

「大爺！你行行好，能不能把我換到另一個世界去，在這裡一天到晚吃喝玩樂，無所事事，簡直痛苦極了！」

「不行，你的果報決定你一定要在這裡享受世間的欲樂，並且不可以往生其他的地方。」大漢斬釘截鐵地斥駁。

「在這裡只有眼前的縱樂，沒有明日的希望，我寧可墜入地獄去受炮烙割鋸、刳腸剖腹的痛苦，也不要在這個沒有明天、沒有希望、沒有奮鬥、沒有上進的世界裡生活。」錢琨聲嘶力竭地抗議著。

大漢突然露出猙獰的樣子，銅鈴般的雙眼透著青色的寒光，冷冷地說道：

「你以為這裡是什麼地方？這裡就是沒有奮鬥的意志力、沒有希望的生命力的地獄，我就是拘禁你這種地獄種子眾生的鬼王！」

世人以為浮華享受的生活是快樂的，工作勞役是辛苦的。其實一味縱樂奢靡、缺乏鬥志的人生，是墮落的、罪惡的，比地獄還要可怕。人生不怕有苦難，只要有不退失的精進力、奮鬥心，人生就有無限的光明，永恆的希望；喪失了勇猛的進取意念，當下就是沒有未來前途的地獄。我們在享受社會經濟奇蹟所帶來的富裕生活之餘，是不是應該繼續勤奮不懈，創造永恆的淨土之樂。

愚人吃鹽

有一個鄉下人，長年累月住在窮鄉僻壤的山間，一生難得下山，更遑論進城了。有一次，他為了辦一些事情特地進了城。城裡人光鮮時髦的衣著、富麗堂皇的建築、稀奇古怪的娛樂，把個憨厚樸實的鄉下人，如劉姥姥逛大觀園一般，看得目不暇給，驚詫不已！

鄉下人好奇地東張西望，走著走著，望呀望的，冷不防卻和迎面而來的人撞了個滿懷，覷眼一瞧，竟是自己三十年未曾聯繫的老朋友。

老友喜出望外，便把鄉下人請到了家中，兩人暢談別後的種種狀況，並且請自己的妻子準備了一桌豐盛的酒席，來招待鄉下人。

老友指著滿桌的珍肴美味，殷殷地向鄉下人舉箸勸食：

「你嘗嘗這些菜，都是我內人親自掌廚的拿手看家菜；你品啜品啜這壺酒，這可是我收藏許多年的好酒，陳年老酒要拿來招待多年好友呀！」

主人的盛意，感染了周遭炙熱的氣氛，一時主客觥籌交錯，對飲起來。霎時酒香、菜香瀰漫一室，行酒令的吆喝聲、歡笑聲此起彼落。酒酣耳熱，賓主盡歡，女主人熱情地端出一碗熱氣騰騰的龍鬚湯，請客人食用。主人拿起湯瓢喝了一口，嗯！味道很醇美，只是口味清淡了一些，趕忙叫喚妻子：

「這湯太淡了，加一點鹽會更可口。」

妻子應聲從廚房拿出一匙鹽，灑在香氣四溢的熱湯上，攪拌均勻之後，請二人再品嘗，果然鹹淡適中，好吃極了，鄉下人好奇地問道：

「這個細細白白如砂粒的東西是什麼寶貝呀？為什麼把它加在食物裡面，這湯就變得如此的好喝？太奇妙了！」

「這神奇的東西叫食鹽，是你們山中買不到的珍品。」主人笑盈盈的解釋。

「我們鄉里巴人孤陋寡聞，沒有見過這麼美妙的東西，你能不能送我一些，好讓我的家人也見識見識。」鄉下人靦腆地要求。

「沒有問題，我送你一大包，你慢慢食用。」主人豪邁地慨贈一大包鹽。

鄉下人如獲至寶，高高興興地回到了家，並且叫妻子準備飯菜，把全家人召集到飯桌，抓起一大把白鹽，得意洋洋地說：

「昨天我到朋友家作客，他請我吃飯的時候，在菜肴中加了一點點這叫做鹽巴的白白東西，菜就變得美味可口；現在我們加它一大把，菜一定會更好吃。」說完，把手中一把的白鹽灑在菜肴裡，經過一番炒翻之後，鄉下人夾起菜就往嘴裡送，唉呀！一盤原本色味俱佳的好菜，卻鹹得舌頭都失去了味覺，根本無法入口。

儒家主張中庸，佛教追求中道。佛經說我們眾生有五種不正確的見解，其中的邊見就是偏執一方的知見，生活過度驕奢享受固然不對，過分的頭陀苦行也不適當；感情太熱、太冷，待人太嚴厲、太縱溺，做事過於勤奮不休息，或者懈怠不發心，都不合乎中道的精神，好比鹽巴放得太多或太少，過與不及都是不完美的事。人生應該追求不左不右、不苦不樂、不偏不倚的中道智慧生活！

天堂與地獄的牆

有一天，發生了不可抗拒的天災地變，驚人的颶風把天堂與地獄之間的圍牆吹倒了，地獄的眾生紛紛跑到天堂去享樂，偌大的地獄快要變成一座空蕩寂寥的死城，而天堂突然間多了一群光怪陸離的鬼魅，一時間天堂與地獄之間的秩序大亂，急壞了天堂的帝釋天王和地獄的閻羅魔王。兩位主掌者終於召開了一場攸關天地安全的緊急會議，帝釋天王首先憂心忡忡地說：

「天堂與地獄之間的牆墩，一定要想辦法趕快修復起來，否則天堂的眾生跑到地獄去，地獄的眾生跑到天堂來，勢必擾亂彼此世界的平衡，給法界帶來不可收復的浩劫。」說完詢問地看著閻羅王，閻羅王趕快接口說：

「帝釋天王你說得對極了！我建議我們兩界各派出三位代表，積極洽商，進行修牆工作，你以為如何？」

「要派出什麼樣的身分、條件為代表呢？」

「我們天堂和地獄各派出一位工程師、律師和銀行家。」閻羅王一副胸有成竹的

模樣。

「為什麼要派出這三種職業的人為代表？」帝釋天王大惑不解。

「在天堂地獄之間築牆，要請工程師來設計規格、督促工程進行，因此工程師是不可或缺的；如此浩大的建築，需要龐大的經費，因此要請銀行家編預算、籌費用；另外，牆建好之後，勢必會牽扯到使用權、所有權的問題，這些事情則需要律師來解決，因此必須派遣這三種代表。」

閻羅王於是和帝釋天王約好，一星期之後雙方各派出這三種代表。一星期很快地過去了，閻羅王也依照約定，迅速地從地獄的眾多鬼卒中，挑選到了過去從事工程師、律師、銀行家等行業的代表。但是天堂的帝釋天王卻遲遲不見動靜，兩星期過去了，天堂方面仍然沒有絲毫的回應，天堂與地獄的眾生躲過獄卒、天將的耳目，穿梭於倒塌的圍牆。閻羅王終於忍不住了，向帝釋天王發出了最後的通牒：

「帝釋天王！你如果再不派出代表來商議修牆的事，地獄和天堂混亂了秩序，一切後果由你負全部責任。」

帝釋天王滿腹苦衷，吞吞吐吐地回答：

「閻羅王！眼看著地獄的眾生儘往天堂裡跑，我比你更心急如焚哪！我也想趕快選出三位代表來，但是我在天堂裡找來找去，就是找不到這三種行業的人。」

「這是為什麼呢？」閻羅王一臉的驚詫。

「因為工程師包工建築的時候，偷工減料，德行有虧；律師為了中飽私囊，鼓勵人訴訟打官司，破壞善良民風；銀行家放高利貸，貪婪詐取。這三種人都往生不了天堂，因此我無法派遣三位剛正不阿、清廉奉公的代表啊！」

事實上，天堂裡當然不乏正正派派的工程師、律師、銀行家。這則譬喻是在警諷世人：天堂與地獄就在一牆之隔，心地純正，磊落光明，不詐不取，守法行善，就是人間天堂；反之，便是人間煉獄。這則譬喻另外啟示我們：當我們身居好的職位，如果不心存善念，地獄就在當下。邪人行正法，正法也成邪；正人行邪法，邪法也成正。能不慎哉！

毒箭

印度有一個愚痴人做事喜歡鑽牛角尖，不能把握當務之急，反而在枝末細節上大作文章。有一次，他跟隨軍隊去打仗，兩軍激烈交鋒之中，他不幸中了敵人的毒箭，同袍趕快把他救到帳下，並且延請醫生來救他的命。醫生剪開血跡斑斑的衣服，只見病患的一隻手臂腫脹得如同一根大木棍，透著暗紫的顏色。醫生正要迅速地拔出毒箭，為病人敷上藥物，但是病人卻緊抓住醫生的手說：

「且慢拔箭！等我知道這射箭的人姓甚名誰？長得什麼模樣，身材高矮胖瘦，膚色黑白紅黃？士農工商從事什麼行業？四種姓中屬於婆羅門、剎帝利、吠舍、首陀羅的哪一個階級？住在東西南北哪個方向？……把這些都調查清楚了，再來為我拔箭治療。」

醫生趕快派人去敵方採訪，終於把射箭手的身家背景調查得清清楚楚，救人如救火，二度要為愚痴人拔去毒箭時，愚痴人又按捺住醫生的雙手說：

「慢來！慢來！我雖然知道射我的敵人的一切情形，但是這弓究竟是用桑木，還是楲木、樟木製成的？這弓弦又是什麼材料做成的？是絲縷，還是紵麻？弓的顏色是褐色、黃色，還是原木的本色？這些知識我都知道了，我才要接受療傷。」

說完固執地端坐在地上，拒絕醫生的診斷。眼看毒性迅速地蔓延病人的身體，醫生無奈只好叫人把弓弩拿去仔細研究，滿足了愚痴人的好奇，三度要拔去毒箭時，愚痴人又說了：

「等一下！射箭人和弓弩的狀況，我雖然都已經瞭若指掌了，但是關於箭的情形卻一無所知。我要知道這箭柄究竟是樹木，還是竹子做成的？箭羽是用什麼種類的鳥毛做成的？是雉雞的毛，還是白鶴的毛？箭鏃是用什麼金屬打造成的？是鐵器，還是銅器？綁住箭鏃的箭纏，是用牛筋，還是鹿筋？另外，製造弓箭的工匠長得什麼樣子？如果這些事情我都完全明白了，我一定接受治療。」

為德不卒，終非行善，何況救人一命，勝造七級浮屠。醫生只好好人做到底，急如星火地遣人把有關弓箭的資料都搜集來，告訴已經毒性攻心、奄奄一息的愚痴人。愚痴人最後雖然知道有關弓箭、射手的一切常識，但是因為延宕醫治，縱然華陀再世，也救不了他的性命。愚痴人終於因為執著於常識的枝末追求，而喪失了寶貴的根本生命。

這則有名的毒箭譬喻，記載在佛教的《中阿含經》，原來是婆羅門教的學者鬘童子，問了釋迦牟尼佛有關：世間是恆常還是無常？世間有沒有邊際？如來涅槃以後究竟還有沒有？生命與身體是相同的一，還是不同的二？等等形而上的哲學問題。佛陀認為這些問題是純知識的論辯，文字上的無益戲論，和煩惱的清淨、生命的解脫，沒有直接切要的關係，因此捨置而不予作答，佛教稱之為十四無記。佛陀所關心的是趕快把煩惱的毒箭拔除，療傷活命的根本解脫問題，而不是弓、箭、射手的十四無記知解。放眼我們的社會國家，議堂內的袞袞諸公處理事情不能切入核心，只在語言程序上打轉，意識型態上計較，攸關民生福利的大事卻擱置一旁，比之毒箭喻中的愚痴人，更為荒謬可怕，不僅自絕生機，更是草菅人命，能不慎哉？

把煩惱還給你

有一個富翁雖然富甲天下，但是每天仍然過得悶悶不樂，他擔心子女不孝順，他憂慮老病會來臨，他掛念富貴不長久，他恐懼死亡的逼迫……。他讓自己活在無盡的煩惱裡面。他的隔壁住了一對年老的乞丐夫婦，他們既沒有子女，也沒有田園財富，可是兩夫妻每天快快樂樂地出門乞討，歡歡喜喜地歸來，津津有味地分享他們討來的殘羹剩飯。富翁從高高的樓上，一眼望去，正是老乞丐那家徒四壁、聊堪躲避風雨的草棚，富翁納悶不解：

「我子孫滿堂，他們無兒無女，他們為什麼那麼快樂無憂？我腰纏萬貫、富可敵國，他們貧無立錐、三餐不繼，他們為什麼如此欣悅歡喜？我僕妾成群、任我吆喝，他們煢煢無依、無勢無恃，可是卻每日歌聲不絕，如此的悠遊自在！我空有錢財權位，但是我為什麼煩惱不斷，而他們什麼也沒有，為什麼能夠過得如此的恬淡無爭呢？……」看著快樂的乞丐夫妻，富翁又增加了一重煩惱。

有一天，來了一位出家的法師，行腳雲遊經過富翁的村莊，向富翁化緣一杯清水解渴。行腳僧看到滿面戚容的富翁，好奇地追問原因，富翁於是將心中的疑團，一五一十地請教行腳僧。行腳僧聽了，粲然笑道：

「喔！原來如此！很簡單，現在我教你一個方法，就可以把你的煩惱轉送給他們。」

「什麼好辦法，這麼神效？」富翁迫不及待地追問。

「你明天送給他們二十兩銀子，看看他們有什麼反應？」

「師父！你開什麼玩笑？沒有二十兩銀子，他們就已經過得這麼快樂了，如果有了二十兩銀子，他們不是更開心了嗎？」富翁的臉上寫著迷惑。

「你照我的話去試試看！」行腳僧篤定地漾滿笑意。

將信將疑的富翁，果然依言送給老乞丐夫妻二十兩銀子，然後暗中觀察老夫妻的神色。一生貧窮的老乞丐夫妻，從來沒有看過如此燦爛美麗的銀子，捧著沉甸甸、白花花的銀子，老夫妻對這從天而降的財富，驚喜得不知如何去處置？把它藏在破枕頭下，萬一睡著了，被竊賊偷去了怎麼辦？把它放在草堆中，萬一遺失了，這富貴不就飛失了嗎？家中又沒有保險櫃，可以安放這二十兩銀子，怎麼辦？……。

老夫妻為了二十兩銀子的安全問題，折騰得白天無心去乞討，晚上更無法成眠，失去了往日閒適寧靜的生活。終於，老夫妻豁然明白了，異口同聲道：

「過去我們沒有二十兩銀子的時候，日子過得多麼逍遙自在！今天我們有了二十兩銀子，不但失去了我們原有的快樂，反而煩惱不已，不當的財富，實在是煩惱的根源啊！」

兩人於是把二十兩銀子還給富翁說：

「把煩惱還給你！」

然後繼續過著充滿歌聲的乞討生活。捧著被退回的二十兩銀子，富翁的煩惱更深了！

《大莊嚴論經》說：「無病第一利，知足第一富，善友第一親，涅槃第一樂。」世間最大的財富是恬淡、知足、惜福、感恩，真正的財富是來自於心內的內財，譬如信心、結緣、慚愧、勤勞、守法、忍辱、智慧等七聖財。內心的財富是人人本自具足，賊偷偷不去，官奪奪不得。金錢、土地、華廈、美衣等外財，雖然也能帶給我們一時快樂，但是如果處理不當，快樂之器往往也正是痛苦煩惱之因。這苦樂之間，需要我們用智慧去抉擇。

金鵝的毛

有一個木匠，娶了一個妻子，養了一群孩子，因為年頭的生意不太景氣，加上食指浩繁，生活非常的清苦。木匠每天清早起來，就要跋涉遙遠的路程，帶著賴以為生的傢伙，到村上找活兒，希望藉著辛勤工作，換來一家的溫飽。而家中大大小小、瑣瑣碎碎的事情，都交給妻子一手包辦。本來年輕貌美的妻子，因為過度的操勞，原本紅潤的雙頰，很快便失去了光澤，烏黑的頭髮平添了點點星白，看得木匠又心疼又不忍。

有一天，木匠趕早摸黑進城去工作，賣力地把顧客的門檻窗櫺釘好，得了一點碎銀子，興高采烈地捧回家，要給心愛的妻子一個驚喜。一路狂奔回家，闇黑中，一腳踩進大窟窿裡，跌得金星閃爍，渾身濕透。木匠踉踉蹌蹌回到家後，因為風寒侵身，終於臥病不起，走完他窶困窮蹙的一生。臨終時，他淚珠簌簌地對妻子說：

「這一輩子我不能讓你享清福，害你跟著我吃苦，來生我再報答你。」

他幽幽一縷神識，飄飄蕩蕩來到了酆都，請求閻君老爺讓他投胎為一隻金鵝，以報答他妻子一世貧賤的恩愛情緣。剛毅冷峻的閻羅王為他的至情所感動，終於滿足他的心願。妻子正在為丈夫的遽然逝去而傷心欲絕，夜裡卻夢見丈夫化為一隻金鵝，投入自己的懷抱，並且以曼妙的音聲對她說：

「我是你的丈夫，為了報答你對我的鶼鰈情深，我特地化身為一隻金鵝，陪伴在你身邊。今後，你只要每日拔去我身上的一根金毛，換取銀子，一家大小生活便沒有匱乏。」

妻子從睡夢中醒來一看，家中的母鵝果然生了一隻晶瑩剔透的小鵝，渾身的羽毛閃耀著黃金的光芒。妻子喜出望外，每天把巴掌大的金鵝端捧手心，小心翼翼地拔掉一根小鵝身上如

寸草一般的金毛，變賣銀兩，剛好僅夠一家人糊口所需，但是也沒有多餘的金錢可以攢聚下來。

金鵝每天忍受著被拔毛的痛苦，快快樂樂地生活。日子久了，妻子漸漸不耐煩起來，眼前雖然有金鵝的羽毛，可以解決生活的困窘，但是金鵝長得實在太小了，纖細的毫毛換不到許多的銀子，無法滿足妻子貪婪的欲望。妻子轉念一想：

「何不將小金鵝的羽毛一次拔光，這樣就可以賣到許多的銀子，那我不就可以發財了嗎？」

主意既定，抓住金鵝，不顧牠的嗷嗷哀鳴，把小金鵝的羽毛一根一根地拔下來。小金鵝淚水盈眶地開口說道：

「我本來是為了報答你相知相惜的夫妻情義，想不到你今日因為貪欲蔽心，如此殘忍待我，我與你恩愛已絕，你自己善自珍重吧！」說完，拍振一身雪白無瑕的羽翼，朝高闊的蒼穹飛去，留下妻子無盡的悔恨。

譬喻中的妻子因為一時的貪念，不但失去了一生的財富，更失去了丈夫永世的摯愛，貪之為害，何其大矣！人的福報要辛苦點滴去培植，享用福報也不能寅吃卯糧，一夕揮霍盡淨。反觀我們的社會雖然有四十年的胼手胝足，才能有今日的安詳樂利，但是也不能窮奢貪婪，不知節制，拔掉我們稀有珍貴的金鵝之毛！

求人不如求己

有父子二人以偷竊為生，尤其父親的伎倆高超，只要一出馬，從來不曾失手，稱得上是天下的空空神偷，但是父子倆堅持盜亦有道的原則，僅僅以慳吝不仁的富豪為偷竊的對象。

兒子看到父親的手法如此的神異，心中欽佩不已，一再央求父親把十八般武藝傳授給他，但是父親總是笑而不應。一個月黑風高的夜晚，父親把兒子叫到跟前，鄭重其事地說：

「今天晚上你跟我去幹他一筆，我要把畢生的功夫傾囊傳授給你。」

兒子聽了欣喜若狂，趕忙和父親穿了夜行的黑衣，父子倆一路向以放高利貸聞名於世的趙員外家奔來。父親一個鷂子翻身躍入了高聳的圍牆，兒子則踩著樹枒，勉勉強強也爬進了花園。闇黑中，父子倆摸索來到了趙員外的房間，用薄薄的利刃撬開了厚實的房門，趙員外如雷般的鼾聲，給兒子壯了不少膽量。兒子躡手躡腳、翻箱倒篋，滿箱的珠寶閃爍著一室的光彩。兒子正要伸手去抓，突然聽到父親大喊：「有賊喲！

有賊喲！」

兒子一慌，趕快順勢躲進衣櫥裡面，而父親卻早已翻躍出牆外，不見身影。好夢正酣的趙員外，驚出一身冷汗，急忙呼喚家丁：

「快來人哪！抓賊呀！抓賊呀！」

家丁們拿著木棍鐵棒雜遝地趕來，大聲吆喝著要抓賊，嚇得衣櫥內的兒子直打哆嗦，趕忙：「喵！喵！」地學貓叫。眾人一聽，原來是一隻正在抓老鼠的貓，不疑有他，紛紛收起武器，準備回房再去睡回籠覺。

兒子趁眾人鬆馳戒備之際，迅雷不及掩耳從櫥內竄出，朝花園拚命地奔跑，眾人拿著傢伙在後面緊緊地追趕。兒子氣喘咻咻地逃到了後花園，眼看家丁從後面緊追不捨，千鈞一髮之際，急中生智，拿起一塊大石頭，使力朝園中的一口古井內擲去，「噗通！」一聲，濺起一片的水花，並且脫下自己的一隻破鞋，擺在井口的旁邊，然後趕緊閃身躲進一叢樹木之中，屏住呼吸，靜靜觀看情勢。

趙員外等一行人聞聲趕到，不見小偷的影子，只見一隻鞋子孤單地躺在一灘潮溼的地面上，喔！原來小偷跳井自殺了，折騰了一晚，眾人於是各自回房去休息。

驚魂甫定的兒子，想盡辦法終於平安地回到了家裡，向父親抱怨道：

「父親！你太不夠意思了，不但沒有傳授我功夫，並且還扯我後腿，害我差一點死於亂棍之下。」

「那你又是怎麼逃出來的呢？」父親心平氣和地問。

「我是靠我的急智，裝貓叫、假裝投井自殺，騙過眾人耳目，才得以逃脫的呀！」

「這不就對了嘛！求人不如求己。兒子！你已經得到了我的真傳絕學。」

世間上有些事情是替代不了的，吃飯睡覺、屙屎拉尿要靠自己，生死老病、煩惱解脫，誰也無法替身，父母、老師、朋友只不過是一種助緣而已，生命的圓滿成就要靠自己腳踏實地去實踐，好比譬喻中的老賊教小賊。我們常常看到佛教徒們拿著念珠在持誦觀世音菩薩的聖號，但是在觀世音菩薩的聖像中，也不乏觀世音拿著念珠的造型。觀世音菩薩拿念珠，又是在持念誰呢？一樣念觀世音。為什麼呢？因為求人不如求己。我們每個人先要做自己的觀世音，解脫自己的自性煩惱，然後才能做他人的觀世音，聞聲救助世間的疾苦。

上岸要錢

有一個大富豪，為人既慳吝又貪婪，不但不能以金錢資助貧窮的百姓人家，尤有甚者放高利貸、剝削民脂民膏，因此全村的人都非常的厭惡他，避之如瘟神。但是富豪只要有錢財可賺，對於村人的鄙夷態度卻毫不在乎，每日怡然自得地生活於銅臭錢堆。

有一天，他帶著僕人坐船到外縣去收租，一番錙銖計較，把窮困農民一年辛勤的耕作，巧詐豪奪、搜刮殆盡，搞得農民怨聲迭起，生活頓時失去了依怙。但是富豪卻不起絲毫憐憫之心，反而得意洋洋地滿載而歸。

大富豪收好了田租，滿載一艙的稻穀，一路乘風破浪地趕回家園。沿途如詩如畫的江山明月，固然令人心曠神怡，但是對於富豪而言，卻遠不及懷中沉甸甸的銀子來得實在，令人歡喜。大富豪揣著銀子，滿足地笑著。一番的顛躓勞頓，二、三日後，終於到達了家鄉。木船緩緩地靠岸，牽夫們挽住繩索，綁住江畔的木樁。富豪歡天喜地地捧著銀子正要上岸，一個浪頭迎面打來，腳下一滑，富豪踉蹌一跌，跌進了大江裡，結結實實喝了滿口冰冷的江水，但是雙手依然緊抓住銀子不放，搶天呼地的大叫起來：

「救命呀！救命呀！」

江邊的牽夫們看到為富不仁的富豪，終於也有今日的報應，大家隔岸觀火地看著他如一片薄葉載浮載沉。富豪一看眾人沒有救他的行動，趕忙將銀子捧得高高地說：

「我這裡有五百兩銀子，你們哪位大爺要是救了我，我就把銀子送給他，報答他的大恩大德。」說完，隨著銀子的重量，「噗通！」一聲，沉入了江裡。

眾人一聽，平日要富豪拿出一文錢，如同要命那麼困難，今天看在五百兩銀子的分上，姑且救他，也好教訓富豪的貪婪習性。大家於是推選一位身體魁梧的大漢，跳入水中，把奄奄一息的富豪撈了上來，趕忙施救。富豪悠悠一口氣甦醒了過來，眾人都放下了一塊心中的大石，為富豪慶幸不已。大漢於是對富豪說：

「我已經把你救活了，你應該履行諾言，把五百兩銀子悉數交給我。」

富豪一聽，臉色慘綠，眾目睽睽之下，只好萬分不捨地給了大漢一把碎銀。大漢仔細一數，大喊道：

「怎麼只有五十兩，你太不守信用了！」

「哼！你們鄉下人哪裡看過如此白花花的銀子，五十兩已經很多了，竟然妄想要五百兩，未免太貪心了吧！」富豪剛剛恢復過血色的面孔，露出一臉倨傲的神情。一旁蓄了滿嘴白鬍子的老爹指著富豪，搖搖頭地唏噓慨嘆道：

「你真是落水要命，上岸要錢喔！」

譬喻中的富豪愛錢如命，縱然掉入水中，命在旦夕，仍然抓住錢財不放，為財可以不要命；甚至被救上了岸，為了錢財可以不顧自己的信譽，輕毀自己的人格。放眼我們的社會也不乏如此重金輕義、好財玩命的人。金錢，固然可以成就許多的事業，但不是人間唯一可愛的東西，信用、誠懇、慈悲、結緣，是我們更為珍貴的生命。

點石成金

伽藍尊者關羽自從皈依佛教之後，就恪盡職守地懲奸罰惡，護持忠良，做佛教的護法長城。有一天，他忽然心血來潮，覺得好久不曾到娑婆世間來行化，不知道閻浮提的眾生根性有沒有進步一點？他決定到人間來明察暗訪一番。

伽藍尊者駕著雲斗一路向人間奔來，來到一處山莊，低頭一瞧，只見層層的白雲之下，阡陌相連，黍稻飄香，他降下雲頭，停在一處丘岡上。他搖身變成一個修道人，信步向村莊小徑行去。村莊裡男耕女織，雞鳴犬吠，幾個垂髫稚童在晒穀的廣場上嬉戲奔跑，好一幅祥和富足的農家樂景象！

他東覷西瞧，正要移步離開，突然看到路旁一個童子踽踽獨行，泫然欲泣，好像有無限的委屈。伽藍尊者惻隱之心油然而生，上前合十道：

「這位小施主請留步，老衲有事想請教你。」

童子抬眼一瞧，是個化緣的道人，眼眶一紅，眼淚簌簌而下說：

「師父！如果你要向我化緣，對不起，我自身已如泥菩薩過江，請你到別處去吧！」

「小施主！你誤會了，我是看你愁眉不展的樣子，想要對你有所支助，你可以把難處告訴我嗎？」

童子聽了，原來是一位慈悲的師父，破涕為笑說：

「我上有一位寡母，茹苦含辛把我撫養長大，她也因此積勞成疾生了重病，我沒有兄弟姐妹，也沒有伯叔舅姨，家裡又無恆糧寸金，可以為母親治病，所以才急得不知如何是好？」

伽藍尊者一聽，感動極了，想不到娑婆世界的頑劣眾生，已經有如此大的進步，連這麼稚幼的童子都懂得人倫大孝。心中一喜，神通變化，對著路邊的一塊石頭隨手一指，霎時變成一塊黃澄澄的金子，送給童子說：

「你把這塊黃金帶回去，好好醫治你母親的沉痾舊病。」

哪裡曉得童子竟然無動於衷，頻頻搖手說：

「我不能接受你的金塊。」

伽藍尊者聽了，更加的心花怒放，頷首稱讚，太美妙了！這世間的人性竟然變得如此的淳厚，稚子幼童見財也不起覬覦之想，實在太難能可貴了！於是笑容可掬地對童子說：

「你小小年紀就能夠見財不起貪心，值得嘉許。但是你如果不接受我金塊的餽贈，又如何醫治你母親的病呢？我勸你還是把黃金接受下來吧！」

童子眨眨烏溜溜的大眼，慧黠地說：

「我不要你手中那塊黃金，因為它終有用完的一天；我要你點石成金的那根手指頭，有了它，我就隨時有黃金可以花用了。」

伽藍尊者聽了，失望極了，原來人性的貪婪之欲，愈來愈令人驚懼擔憂，悵然地收回金塊，飄然離去。

貪婪，是我們最大的煩惱與障礙，有了錢，還要更有錢；有了房子，還要更多的土地；有了名利，還要更大的權勢；有了權位名器，還要更長久的壽命來占有它……人的欲壑難填，世間的爭奪迫害於是層出不窮。人應該珍惜當前所擁有的，而不要放縱自己的貪欲，做過度的非分之想，好比譬喻中的童子，不但得不到你汲汲所要的，更失去了你本來可以得到的一切。

放下

有一個信仰婆羅門教的梵志，有一天要趕到一個村落，為當地的信徒舉行一場祭祀。他日夜兼程不眠不休，不停地趕路，深怕錯過了卜算選好的吉日良辰。他翻山越水，行走在蠻荒瘴癘的重山峻嶺之中，抬眼一看，天邊一朵漆黑的烏雲，迅速地飄移過來，灑得天空一片的水墨圖繪。霎時豆大的雨滴，叮叮咚咚地傾瀉大地，怒吼地奔向低窪的山谷。梵志無奈，只好棲身在一棵大樹之下，等待大地息下怒氣，雨過天晴之後，再繼續趕路。

雨，排山倒海地下著，暮色向四方籠罩過來。漸漸地雨勢變小了，雨聲走遠了，天空織結一張的網幕，綴滿一顆顆如鑽石般晶瑩剔透的星星。梵志從樹叢中鑽出濕淋淋的身體，抖落一身玲瓏的水晶，披著點點的星辰，繼續未完成的路程。

借著微弱的星光，沿著崎嶇陡峭的崖壁，梵志臨淵履冰地蜿蜒前進。黑暗中，山猙獰地矗立聳峙，張牙舞爪好似要把梵志吞噬入腹。梵志戰戰兢兢地移步向前，突然腳下一滑，踩到一堆泥濘的爛土堆，身體失去重心，一個踉蹌，跌入了山谷，身體像斷翼的飛鳶，迅速地向谷底墜去。危難間，他急中生智，張開雙臂向闇黑的夜空亂抓。一陣盲亂的抓取，突然觸到了倒掛於寒巖隙縫的樹枒，梵志趕忙用胳膊順勢一勾，人就像一隻折翅的蜻蜓，懸掛在半山腰，上下不得。

梵志驚魂甫定，心想：如此的黑夜，如此的荒山惡野，什麼人能夠來救我呢？難道我就這樣無聲無息地埋骨青山嗎？要是釋迦牟尼佛在此就好了，佛陀一定會無緣大慈、同體大悲，運用他的神通變化，以平等心來救護我這個異教徒呀！心念千迴百轉，悔恨交加。梵志正在轉動心念，忽而天堂地獄，忽而地獄天堂，念念剎那生滅的時候，突然聽到一陣安詳慈和的聲音說：

「梵志！你真的祈望我能救你嗎？」

咦！那不正是佛陀的法音嗎？梵志彷彿見到一線光明，扯開嗓子聲嘶力竭地向崖上大喊：

「慈悲的佛陀！我就知道您無剎不現身，求求您趕快救我上去吧！」

「要我救你很簡單，但是你要依照我的話去做，我才救得了你呀！」佛陀語重心長地說。

「佛陀！都到什麼節骨眼了，只要能救我上去，我什麼事都依照您的指示。」梵志殷切地請求。

「好！那麼請你把攀住樹枝的手放下，我好救你。」佛陀平靜地說。

梵志一聽佛陀要他放下賴以維繫生命的樹根，彷彿霹靂擊頂，石破天驚地大嚷：「這怎麼可以？如果我放掉樹枝，我不就跌入谿壑之中，粉身碎骨了嗎？說什麼我也不放下。」

「你不放下，我怎麼救你上來呢？」佛陀輕輕地鎖著眉頭。

我們走路前進，一定要放開後腳，前腳才能邁步向前；如果後腳跟固定不移動，如何昂首闊步，向前邁進呢？人生要進步，也要捐棄根深柢固的窠臼，放下愚昧迂腐的知見，緊握無明愚痴不放，生命是一灘的死寂，勢必失卻那天光雲影共徘徊的源頭活水。放下處，有更寬闊的轉圜；放下時，才能有更多的拾得。

恆河小婢

早晨，恆河的水靜靜地淌著，畢陵迦婆蹉尊者捧著瓦缽，來到波光粼粼的恆河畔。晨曦照著他的金黃色袈裟，閃耀著黃金般的光芒，天色霎時明亮了起來。尊者赤腳踩在恆河岸邊，柔柔細細的恆河沙，輕輕地依覆在他的腳踝，潔白晶瑩。尊者蹙眉望著潺潺的恆河，低頭思忖：

「對岸的羅摩長者邀請我進城去受供，可是這恆河的水漫漫沒有涯畔，附近又沒有舟船，我要如何渡河呢？三十里路遠有檀那要行布施，不去接受供養，是個懶惰的出家人，怎麼辦才好呢？」

尊者著急地在恆河岸邊踱步，眼看太陽已經高懸天空，正在心焦之際，突然靈光一閃，想起幾日前的事情。那一天，佛陀正在為弟子們宣說佛法，突然來了一位頭戴高冠、身穿錦袍的官吏模樣人物，身邊隨從一群美麗的女子，細問之下，原來是恆河神帶著后妃眷屬來皈依佛陀。那恆河神既然是佛陀導師的皈依弟子，和自己有同門的因緣，請他幫忙，一定沒有問題。尊者於是對著恆河大聲嚷道：

「恆河，小婢！請你闢出一條水路，讓我過河去托鉢。」

水晶宮中的恆河神聽到一聲驚天動地的獅子吼，趕忙覷眼一瞧，原來是佛陀座前阿羅漢弟子畢陵迦婆蹉尊者，雙眉不禁攢聚在一起。自己堂堂是個統理一方的恆河大神，卻被嗤叫為小婢。但是對方是個已經斷除煩惱，證悟成果的大阿羅漢，自己既然皈依了三寶，應該要恭敬三寶不可輕侮。恆河神無奈，只好強忍心中的憤懣，以神通力從洶湧的波濤中，開闢出一條平坦的大道，好讓尊者安然的渡過。尊者只見霎時澎湃壯闊的波瀾，迅速地向兩旁退去，海中一條白練筆直地舒展到彼岸。尊者如履平地渡至恆河的對岸，轉過頭來，滿心歡喜地道謝說：

「謝謝你，恆河小婢！」

從此尊者每天都要著衣持鉢，進城去應供，恆河神每天要為尊者打開渡河的通路，做個稱職的擺渡，但是同時也要接受尊者「小婢！」的呼喚。恆河神懊惱極了，有一天終於忍不住向佛陀投訴說：

「佛陀！我每天都要為尊者服務，為他渡河，但是他卻詈罵我為小婢，害我威勢不彰，無法統領大眾。」

佛陀慈祥地看著端坐在尼師檀上的畢陵迦婆蹉，輕聲有力地問道：

「這件事可是真的？如果確實不假，你應該向恆河神道歉！」

尊者應聲從座上站起來，畢恭畢敬地合十說：

「對不起，恆河小婢！」

佛陀轉身對著一臉苦笑的恆河神及弟子們說：

「畢陵迦婆蹉叫你小婢，並沒有輕蔑的惡意。他雖然已經斷盡煩惱障，但是五百劫來的惡口習氣未除，才會無心侵犯了你。弟子們！惡習難除，大家要精進莫放逸啊！」

有的人罵人罵成習慣了，要改為讚美的語言，有時實在千難萬難；海邊的逐臭之夫，請他住在芝蘭之室，他恐怕會敏感無法安住。煩惱如垃圾，容易清掃；習氣是氤氳的氣息，很難滌盡。平日我們就要收攝自己的身心，養成說好話的習慣、做好事的習慣、存善念的習慣，習慣成自然，舉心動念便能和善法相應，不會被惡習所蔽障。

最大的敵人

印度的琉璃王率領著一百萬的大軍，浩浩蕩蕩地唱著勝利的凱歌，準備回國。將士們的盔甲擦得雪亮，閃耀著奪目的光芒，高昂的歌聲響徹了雲霄，鏗鏘悠揚，充滿自信。

軍隊經過滔滔的大海邊，海浪拍打著岩石。留下凹凹凸凸的歲月痕跡。嶔崎的岩岸上，站了一個莊稼打扮的漢子，高舉雙手對著怒吼的海濤大叫：

「我勝利了！我勝利了！我終於打敗宇宙之間最大的敵人。」

好奇的琉璃王上前打揖說：

「仁者！剛才聽你興奮的大喊戰勝了敵人，不知道你動用了多少兵馬？」

「我不費一兵一卒而降伏萬軍。」

「咦！這就奇妙了！我剛剛率領一百萬的精銳雄兵，經過三個月的浴血奮戰，才將頑強的敵國軍隊殲滅，你究竟運用什麼戰術，不費吹灰之力而能戰勝敵軍？請你將戰爭的心得教導於我。」

「心外的軍隊不是真正的敵人，心內的煩惱才是可怕的魔軍。我是用般若智慧，降伏了宇宙間最大的敵人——自性的煩惱魔軍。」

「此話怎講？」琉璃王一臉疑惑地追問。

「大王！我本來是一個種田的農夫，每天日出而作，日落而息，逍遙又愜意。但是我又非常嚮往出家人托缽行腳、隨緣度化的生活。於是我便向佛陀請求，請佛陀慈悲接受我為弟子，剃度出家。佛陀終於接受我的虔誠懇求，讓我披上袈裟，成為僧團的一分子。」

「你既然已經成為出家僧侶，為什麼又身著世俗的衣服，站在此地狂呼呢？」

「我雖然剃去鬚髮，身著福田衣，但是我的心卻念念不忘於昔日耕種的那一把鋤頭。因此，我出家前找到一個隱蔽的地方把鋤頭藏好。每天托缽回來，總要去看看、摸摸那把可愛的鋤頭。我雖然身在佛門，卻又不能忘情耒耜躬耕的快樂，所以我請求佛陀廣開法門，讓我還俗，回到田野，重新過著越陌度阡的稼穡日子。」

「佛陀答應你了嗎？」琉璃王焦急地問。

「佛陀為了隨順眾生的根性，還是滿足了我的心願。我終於能夠再度扛著心愛的鋤頭，迎接朝陽，腳踏大地，但是我的心依然惴惴不安。荷鋤農耕的日子固然逍遙快樂，但是畢竟比不上出家生活的隨緣放曠、自在無礙。最後，我下定決心，決定安身立命於寺院僧團，因此我再去請求佛陀接受我為弟子。」

「你這樣出爾反爾，七進七出，不是讓佛陀為難嗎？」

「慚愧！慚愧！這一切反覆無常的行為，都是因為這顆心的貪執愚昧。因此，今天我來到海邊，把心愛的鋤頭丟棄大海之中，隨波逐浪，破釜沉舟地拔除我對世俗的眷戀不捨。現在我終於降伏了宇宙之間最大的敵人，那就是我們心內的貪痴迷妄。」

「你才是真正善戰的英雄，我實在比不上你呀！」琉璃王無限讚歎地說。

世間有許多的東西使我們放不下，我們的身體住在房子裡面，而我們的心卻住在更多的地方。心有時住在一個人的身上，有時住在別人的一句話、一個臉色上，甚至住在一件東西的上面，比如譬喻中的鋤頭賢人因為牽掛鋤頭，而差一點失掉慧命。王陽明說：「捉山中之賊易，捉心中之賊難。」心中的八萬四千煩惱魔軍，才是我們最大的敵人。如何對治自我的心魔？般若的慧劍，一念的靈明，便能不動干戈而天下平。心非善惡，善惡由心，心之力量，何其大矣！

蟒蛇護金

有一個視財如命的錢員外，一生胼手胝足地攢聚了許多的財富。他雖然腰纏萬貫、富甲天下，但是不僅不能行善樂施於親朋好友，甚至對自己的家人也非常的慳吝，甚至規定家人一天只能使用多少金錢於日用所需。村裡發生了急難，鄉民請他多少捐獻一些銀子救助災民，他卻一口回絕說：

「我辛辛苦苦流著血汗掙來的錢，為什麼要捐給別人去享受？」

為了守好他的寶貝錢財，他把一串一串的錢幣換成碎銀子，聚了足夠的碎銀，又換成整錠的金元寶，然後用一個罈罐，把金元寶密密實實地放在罈子裡，並且把放黃金的罈罐，藏在床鋪下面的暗室。每天夜闌人靜的時候，他總要瞞著家人，偷偷起床數著他心愛的黃金。半夜數金塊，是他每日樂此不疲的例行工作，更是他獨自享有的快樂祕密。

錢員外為富不仁的名聲傳遍了鄉里，他節衣縮食幾至自虐的愚痴行徑，讓鄉民咋舌驚異。有一位同族的長者終於看不過去，苦口婆心地勸他：

「金錢是身外之物，生也不曾帶來一二，死了又能帶去多少？你有這麼多的錢財，應該善用它，做一些有益社會大眾的事。怎麼一味只知道死守金錢，變成金錢的奴隸呢？你兩眼一閉，一口氣不來，這些錢還不是要留給子孫，你又能享用多少？」

長者的話沒有開啟他結緣布施的心，倒像是一記響雷，驚醒了夢中人，他細細一思：

「對了！萬一我死了，我的所有金錢豈不都要遺留給我的子子孫孫，他們對我的事業何曾貢獻過什麼力量？怎麼可以平白讓他們占有我的心血財富？」

錢員外想到這裡，雙眼一閉，眼前現出兒子們貪婪的臉龐，一個個伸出手來，張牙舞爪向錢員外抓討金錢。錢員外一陣暈眩，差點昏厥了過去，當下做了一個決定：

「哼！我一定不讓他們得逞，一個子兒也不留給子孫。」

他挖出床下的罈子，把一塊一塊黃澄澄的金子，刻上自己的名字，然後放入罈中，封好罈口，把沉甸甸的罈罐搬到屋後的山洞，用石頭堵住洞口，每天仍然不放心地去察看幾回。幾年後，錢員外因為一場疾病死了，但是一縷魂魄仍然捨不得他的黃金，變成一條蟒蛇盤旋在洞口，伸著長長的舌信，嚇阻路過的行人，不讓他們靠近藏有黃金的山洞一步。

鄉民們不堪蟒蛇的驚擾，終於把牠捉住，挖開石洞，找出罈罐，罈中每一塊黃金，整整齊齊地刻鏤著錢員外的名字，在強烈的日光下，閃爍著璀璨奪目的光芒，清清淺淺地投射在蟒蛇汪汪的淚眼裡。

有錢是福氣，懂得如何善用金錢是智慧。金錢是寶貴的資源，有智慧的人能運用資源，而不是為外物所役用。譬如故事中的錢員外，金錢對他不但沒有絲毫的利益，反而成為一種枷鎖，鎖住了他的心靈，讓他虛耗二世的生命，成為金錢的奴隸；甚至為了一分貪執，而失去解脫自由，墮入畜生道，為財所困。金錢如同刀劍，可以活人，也可以殺人，端看擁有者如何運用智慧。智慧的我們，又將如何去善用我們的金錢資源呢？

黑鼻頭的觀音

有一個虔誠的佛教徒，經常到寺院來禮拜菩薩，他看到菩薩的法相莊嚴，心生歡喜，心想：假如我也能擁有這麼一尊菩薩來膜拜，那該有多好！

有一天，他經過一家文物店，裡面擺設了許多的佛像案桌，手工精緻，刀法細膩，每一尊佛像都雕刻得栩栩如生。瀏覽間，眼前突然一亮，有一尊騎在鼇龍上的白瓷觀音，白衣飄飄，迎風婆娑而降；左手拿著淨瓶，右手拿著楊柳枝，灑向人間，楊枝一滴真甘露，灑得山河遍地春。菩薩慈眉善目，俯瞰著滾滾紅塵被痛苦煎熬的眾生。

這位信徒非常喜愛這尊菩薩，於是用高價把菩薩像請購回家，他想：如此莊嚴的觀音菩薩，應該請師父為我開光。於是畢恭畢敬把菩薩迎奉到寺院，請方丈和尚慈悲為菩薩像開光。開完光之後，信徒決定把觀音菩薩暫時寄放在寺院的大雄寶殿中禮拜數日，蒙霑香火靈氣。

他每天準備豐盛的素菜、清香、水果、鮮花，去供養他的觀世音菩薩。但是，案桌前往往已經擺滿了其他信徒供養的東西，擋住了他的菩薩的視線，他想：

「這些人豈有此理，怎麼把供品堆積如山丘，讓我的菩薩看不到我供養的東西。」

趁著香燈師父不在殿內，於是動手把案桌中間的糕餅、菜肴等供品，搬到旁邊的角落，然後把自己祭拜的東西，大剌剌地往中間一擺，自鳴得意地說：

「這樣子菩薩就能看到我的誠意，接受得到我的虔誠供養了。」

供品雖然搶到了最有利的位置，但是不久他又發現到了讓他氣急敗壞的事情。原來，他為了表示對菩薩的恭敬心，買了最上等的沉香，每天早晚都到大雄寶殿來上香。三炷香一燃，大雄寶殿內頓時清香四溢，聞到的人精神為之一振。只見微風徐徐吹來，一縷縷裊裊的輕煙在殿內迴盪飄移，從白瓷觀音像面前飄到了其他佛菩薩像的鼻子。這位信徒一看，著急極了：

「這怎麼得了！我上好的沉香都被其他信徒所供奉的菩薩像吸光了，我的觀音菩薩一點也嗅不到我特地為他準備的香供養。嗅不到香火，菩薩怎麼會靈光呢？我得想個好法子，不能讓其他的信徒揀了現成的便宜。」

他想到了一個好辦法，找到一根透明的吸管，一頭接在環香上頭，一頭綁在白瓷觀音菩薩像的鼻頭，開心地說：

「如此一來，別的菩薩像再也分不到一杯羹，我的菩薩終於可以專享我的香供養了！」

觀世音菩薩像雖然可以獨自享受幽幽的沉香供養，但是一個月的交替蒙薰，硬是把原本白白淨淨的鼻子，薰成了黑鼻頭的觀音。

《金剛經》說：「若以色見我，以音聲求我，是人行邪道，不能見如來。」拜佛有不可偏廢的禮儀規矩，但是更重要的是心靈的虔敬，如果固執形式，一味著相，像譬喻中的信徒，便不能與真理相契合，只有離佛道愈遠了。

一毛不拔

慘淡陰冷的閻羅殿裡，閻羅王寒著一張紫絳色的黑臉，坐在大殿中審問一群迷離飄泊的魂魄，兩旁的鬼卒拿著刀斧戟劍，齜牙咧嘴地吆喝著。閻羅王冷冷地問道：

「跪在下面的是什麼人？前世功過如何？」

「報告閻羅王！他叫王有德，前輩子是一個有錢的員外，行善樂施，是百姓眼中的大善人。」判官有條不紊地翻閱三世因果功過簿，朗聲地報告。

「嗯！查查看他下輩子應該受什麼樣的果報？」

「他可以再轉世為人，出生在有佛教信仰的家庭，上輩子修福報，下輩子修智慧，福慧具足。」

「太好了！王有德，你投胎去吧！不要失卻寶貴的人身，好好地修行呀！」閻羅王表情森嚴的臉上，難得擠出一絲的笑容。

王有德的魂識千恩萬謝地跪叩閻羅王，歡歡喜喜地由鬼卒領著去投胎輪迴。鬼卒又抓來一個魂魄，渾身觳觫戰慄地跪在塵埃上，嚇得不敢抬頭。閻羅王撫尺一拍再度審問，聲音彷彿響自冰冷的大寒地獄：

「下面跪著的，又是什麼眾生？」

「報告閻羅王！這個人名叫李懷恩，上輩子是個本本分分的莊稼人，沒有做什麼大善事，但是也沒有造什麼惡業。」

「喔！那麼，他應該到哪一道去轉世？」

「他仍然可以到人道去做人，種一點來世的善根。」

「好！你去輪轉吧！要好好珍惜這不可多得的因緣。」

李懷恩的魂識感激涕零地拜謝閻羅王，隨著鬼卒去尋找他的來世情緣。鬼卒們又抓來一些魂識，閻羅王一一詳細地加以審問，並且依照各自的因緣果報去六道輪迴轉世。說也湊巧，今天審問的魂識都具有清淨的種子，每一個眾生都投胎去做人，閻羅殿內洋溢著難得一見的祥和喜悅之氣。閻羅王正在滿心歡喜時，鬼卒抓來一隻渾身毛茸茸的畜生，閻羅王眉頭一皺，問道：

「下面跪著的是什麼眾生，都造了一些什麼罪業？」

「他是一隻猴子，幾世以來都不知道修行，已經做了幾輩子的畜生。」

「仔細查查他的來世因緣。」

「他下輩子仍然需要再做猴子，遇到好的主人，教予善法，才能解脫惡道，獲得人身。」

閻羅王一聽，正要揮手批示叫猴子去投胎。不想那猴子卻機伶地說道：

「閻羅王！這樣太不公平了，為什麼其他的眾生都可以投胎去做人，只有我還要去做猴子。求您發發慈悲心，讓我也去轉世為人。」

「喔！你怪我不公平不讓你做人。你看，人的身上哪裡有你這毛茸茸的猴毛呢？」閻羅王興趣盎然地說。

「沒有關係，只要能做人，我願意把我身上的毛拔掉。」猴子說完，馬上迅速地拔除自己身上的猴毛。但是才拔下一根細細柔柔的毫毛，猴子便痛得「唉唷！唉唷！」地大叫起來。閻羅王看了，啞然失笑地說道：

「你看你自己，一毛不拔，怎麼能做人呢？」

「一毛不拔，怎麼能做人呢？」多麼震撼人心的一句話。我們春天不播種，怎麼能冀望秋天有豐碩的收成？我們平日慳吝貪婪，不知施捨一二，廣結善緣，怎麼能夠儲存菩提道種，將來開花結果呢？一毛都不能拔除的人，只有在貪瞋愚痴的生死濁流中浮沉；一毛也不吝惜的人，才能享受大捨之後大得的福報。

採蓮的人

《大智度論》中有一則饒富趣味的故事：

祇園精舍的蓮花池裡，栽種了各種顏色的蓮花，靛青如藍天，雪白如綿絮，澄黃如雛菊，嫣紅如桃杏，清香四溢，柔軟可愛。

清晨的陽光照在蓮花池上，只見池面漣漪，波光粼粼，荷葉田田，一梗清蓮出水，隨著輕風搖曳生姿，蓮瓣間、荷葉上的露珠頑皮地滾動著，迎著旭暉，散發晶瑩剔透的光芒，像極童子無邪的笑靨。

一位比丘飯食完畢之後，信步走出講堂，到蓮花池畔經行，走呀走的，突然一陣輕風徐徐吹來，吹得一池的蓮花翠搖綠墜，亭亭清絕，空氣裡瀰漫著蓮花沁人心扉的淡淡香氣。比丘俯下身體，忘情地嗅著蓮花，如醉如痴。突然從蓮池中竄出一位身材魁梧巨大的護池神，鐵青著臉，努著銅鈴般的眼睛，指著比丘的鼻頭，疾言厲色地詈罵道：

「你是個證得阿羅漢果位的聖弟子，早已斷除了一切的煩惱，超越了五欲六塵的纏縛，對於世間色聲香味觸法的一切欲望已經不沾不滯，為什麼小小的香欲就引發你的貪婪之性，耽溺其中，無法自拔呢？你平日的修持工夫還是不究竟啊！何況這一池美麗的蓮花，具有清淨、柔軟、可愛、香氣四種特性，象徵常樂我淨的涅槃四德，是大自然以虔敬之心所成，用來供養佛法僧三寶，你怎麼可以以染汙心來竊取它的清香之氣，損壞了宇宙間一件清淨的瑰寶呢？」

比丘滿面羞慚，雙手合十向護池神懺悔：

「慚愧！慚愧！我是個三毒已斷，不再受輪迴之苦的阿羅漢，卻禁不起香欲的小小誘惑，看來眾生無始以來的習染，真是難以根除啊！」

比丘深深地自責著，這時突然走來一位檀那女施主，頭上頂著一鐔的乳酪，腳步輕曼地，朝著講堂行去，想是要向佛陀呈獻她的虔心。她三步二彎，經過蓮花池畔，只見一池的蓮花沐著朝陽，素淨清雅，空氣中蕩漾著一股清涼的幽香。她放下頭上的瓦鐔，彎下身子，撩起衣襟，迅速地採摘四、五株蓮花，紅黃白靛一手掬握，像極天上繽紛美麗的彩雲，然後大步地離去。看得一旁的比丘驚愕不已，而護池神則寒著一張暗紫的臉，不發一語悶坐在池邊。比丘滿臉疑惑地問道：

「剛才我只不過輕輕地嗅了一下蓮花的香氣，你就嚴厲地斥責了我一頓，這位女子沒有經過常住同意，隨便採摘池中的蓮花，不予而取謂之盜，她已經犯了偷竊的過失，你反而不加以阻止，不同的行為卻有嚴峻與寬鬆的對待，這是什麼道理呢？」

「尊者！你是個證道的聖弟子，堪受人天恭敬的僧寶啊！出家人有了一點點過失，好比本來清潔乾淨的白布，染上了細小的灰塵，又好比瑰奇瑋麗的美玉，有了纖毫的瑕疵，天下人是很容易察覺的呀！世間的俗人整天翻滾於五塵六欲之中，縱然有了一些踰越常規的行為，彷彿本來就骯髒的抹布，又潑上了一層汙垢，也不見其黑。因此，我要守護

你的聖胎，對你嚴苛責備，對於在家檀那，只能施以方便寬容！」

《論語》說：君子之過如日蝕。大自然產生了日蝕現象，天下任何角落的人都看得一清二楚。君子坦蕩蕩，心胸磊落，行事光明，有了絲毫的過失，不會如小人一般掩過飾非，天下任何人都很容易察覺。所謂「十目所視，十手所指」，無病而死。因此，有修持的君子平日謹言慎行，不使非法的罪惡汙穢自身的德行，由是之故，古人常說君子慎獨，不愧屋漏。好比嚴守戒律的佛弟子，自發性地檢束自己的身心，特別在沒有外在力量約束的情況之下，更要慎防欲念的蠢動，而不是為了懼怕別人的指責，才不敢作奸犯科。道德，是對自己的要求，而不是強制要求別人。人人能自持謹嚴，就具足如蓮花般清淨的自性。

禍由自取

有一群青年追求刺激緊張的生活，他們喜歡駕著車輛，在寬敞的大路上狂飆，比賽彼此的神勇，享受那風馳電掣剎那間的快感。

有一位吳姓青年，他也參加了死亡的行列。只是他的技藝老是無法與人相比，每次比賽，他總是敬陪末座，成就別人奪標，使他顏面盡失，無法在同儕面前抬頭。

他仔細地觀察，並不是自己技不如人，而是他的老爺車實在是年歲太老邁了，無法如昔日一般意興風發地馳騁沙場，殲滅敵人。他打定主意，決定省吃儉用攢錢選購一部千里神駒。幾個月後，他果然賺足夠了錢，千挑百選，選了一部外表流線拉風、馬力十足的車輛，車身上還鑲了一隻矯健飛揚的野狼，四腳離地作飛躍狀，一副虎嘯龍騰、威風凜凜的樣子。

吳姓青年愛極了他的野狼，每天為他細心地擦拭、打蠟，希望野狼能夠為他洗刷過去的失敗恥辱。重大的日子終於來臨了。這一群年輕人決定選一個日子一決勝負，以便推選出他們心目中的霸主。吳姓青年也報名參加了比賽，既興奮雀躍卻又忐忑不安，萬一又失敗了，面子要往哪兒擱？正在矛盾糾纏、左右為難的時候，突然靈機一閃，嘿！有了！對街有一間城隍廟，聽說城隍老爺香火很靈驗，去求城隍老爺保佑。主意既定，平時不拿香的吳姓青年竟然準備豐盛的香花水果、三牲供品去祭拜城隍爺。只見他虔誠跪倒在地、喃喃有辭：

「城隍老爺！弟子明天要駕著我的野狼去比賽，求您的大神力保佑我一舉成功，勇奪魁首。如果能讓我如願以償，我一定打造金牌來莊嚴您的神像，大魚大肉來供養您！」

拜完了城隍，心裡踏實了許多，吳姓青年跨出門檻，卻和迎面而來的廟祝撞個滿懷。廟祝不以為忤地呵呵笑道：

「年輕人！你好虔誠喲！」

「我是來求城隍老爺保佑我的野狼明天旗開得勝，拔得頭籌。」

吳姓青年說完，高高興興地離去。比賽的當天，每一個人都把自己的愛駒打點得美侖美奐。吳姓青年神采奕奕地跨上他的野狼，加足了馬力，一個箭步飛奔了出去，把所有的敵人都抛在遠遠的身後。吳姓青年得意極了，一路狂飆奔馳，耳畔風聲咻咻作響，眼前浮現的是萬人歡呼自己勝利的熱烈場面。他如醉如痴地飆著，突然一個急轉彎，連車帶人一頭撞向聳峙的崖壁，霎時人車就像斷線的風箏，墜向坑谷。

吳姓青年車毀人亡的消息傳到吳老爹的耳中，傷心欲絕的吳老爹來到了城隍廟，對著城隍的神像憤憤地說：

「我的兒子為了比賽獲勝，誠心誠意來祭拜你，你不但沒有保佑他，反而讓他發生不幸死亡，我看你一點也不靈驗，要你的神像何用？」說完，怒氣沖沖爬上神龕要把城隍的神像拆下打爛。一旁工作的廟祝趕快阻止勸說：

「這位老先生你不要誤會了城隍爺的一片心。當你的兒子發生急難的時候，城隍老爺也想要來救你的兒子，但是你兒子騎的是野狼，速度實在是太快了，任憑城隍老爺的白馬怎麼樣的快馬加鞭，也望塵莫及，只有發生車禍了！」

台灣的大家樂正盛行的時候，一些神像也受到優渥的禮遇。當明牌靈驗時，這些神像就有三牲好供養，身上掛金牌；當明牌不靈光時，神像就難逃斷頭截足，被遺棄荒野的厄運，這種建立在貪求功利的信仰是不正確的。普通的人更把諸佛菩薩、護法神祇，當做是醫院、保險公司，一旦信仰了祂，就要保佑我一家無災無病，福壽綿延，否則就沒有天理因果，譬如喪子哀痛的吳老爹一般。其實這是混淆因果的。吳姓青年種了開快車的因，當然要遭受車禍的果報，咎由自取，豈能怨天尤人？健康平安自有健康平安的因果，發財致富也有發財致富的因果，不能彼此取代。而一切的禍福興衰，都是自業造作，外力無法控制。我們應該正確地認識因果道理，「隨緣消舊業，更莫造新殃」，自求多福，增長智慧！

心地功夫

幽深的石窟裡，一位出家人正在精進地禪坐，他用心地在參究自己的本來面目，忘記春秋的交替，不管浮世的變幻。森林中安靜無聲，時間彷彿凝聚在剎那，偶爾從遠處傳來鳥兒唧唧啾啾的鳴唱，為闃寂的山林帶來躍動的生機。

出家人全神貫注地盤腿趺坐，享受禪悅的輕安，耳畔突然聽到一陣騷動的喧譁聲，側耳仔細一聽，原來聲音來自洞口。出家人趕快斂目攝心，努力把擾人的噪音排出自己的心念。但是洞外的聲音不但沒有減弱，反而變成天地震動的撞擊聲，間雜著斷斷續續的叫罵聲。

出家人無奈只好下了禪座，走到石窟門口一看，原來是一個身材魁梧的婆羅門外道齜牙咧嘴地對著洞口謾罵。看到出家人走出洞口，橫鼻子瞪眼睛地大吼：

「這裡是我們婆羅門教徒的地盤，你怎麼可以鳩占鵲巢，命令你馬上離開這裡，或者皈投成為我們婆羅門教徒，否則我就要對你不客氣了。」

「宗教信仰是心甘情願的事，怎麼可以脅迫屈就，更何況林邊水畔、山河大地，

本來就屬於一切眾生所享有，任何人都可以在這裡精進修行。」出家人一派篤定神情。

「你如果不改變信仰，我便要用法術擾亂你，讓你不得安寧打坐。」

「我披著堅毅的精進鎧甲，我不怕你的阻撓。」

出家人話才說完，婆羅門外道伸手便一把向出家人胸前抓來，出家人趕忙揮手一擋，一拳打在婆羅門身上。說也奇怪，一隻手就像沾上黏膠一樣，黏答答地貼在婆羅門的身上，怎麼也拔不下來，婆羅門得意極了，哈哈大笑道：

「你的右手已經被我抓住了，你要不要改變心意，做我的門徒弟子？」

「我的右手雖然動彈不得，但是我還有左手雙腳可以運用，我絕對不轉移我的信心。」說完，左手又向婆羅門外道打去，但是同樣被牢牢地黏住了，婆羅門不死心地說：

「怎麼樣？你還是不願意服從嗎？」

「寧動千江水，不動道人心。你用邪術是降伏不了我的心，我雖然雙手被縛，我還有雙腳可以精進。」

出家人抬起一腿，騰空向婆羅門肚子踢來，但是仍然被黏在婆羅門的肚腹上，出家人還是不肯屈服，高舉唯一自由的腿子，使盡力氣，朝婆羅門的胸膛一踢，最後整個人就像植根於大地的老樹一樣，根深柢固地附著在婆羅門的身上。婆羅門狡滑地奸笑著：

「嘿嘿！現在你已經像隻被困的動物一樣，你究竟投降不投降？」

「我的身體雖然被你繫縛住了，但是我的心仍然精進不已，你能夠捆綁我的身體，卻無法降伏我的心。」

婆羅門一聽，沮喪極了，悻悻然說：

「如此狀況之下，你還是堅定不移，精進不懈，那我對你是一點辦法也沒有了。」婆羅門話一說完，出家人就應聲掉落了下來。

佛教把勤奮作務、修持的精進分為身精進、心精進。有時我們身體雖然在做一件事，但是心卻豎窮三際、橫遍十方，妄想紛飛，攀緣逐塵。「坐破蒲團不用功，何時及第悟心空。」真正的精進解脫要在心地上用功夫，身體雖然不能自由，但是心卻時時與正法相應，身忙心不忙，隨緣度紅塵，否則竟日兀兀枯坐，縱然坐破了蒲團，也無法看破自性的氤氳，見到一片光風霽月的藍天。

白鴿的恐懼

《阿婆檀那經》中有一則動人的故事，發人深省：

靜謐祥和的祇園精舍，千二百五十位弟子神色肅穆恭敬地聆聽佛陀的教誨，和風徐徐地吹，枝上的葉子輕輕地頷首稱是，彷彿領納佛陀的深深教義，誰說草木無情？美妙的音聲從佛陀的唇齒間緩緩地流瀉而出，瀰漫著祇園，覆蓋著天地。佛陀說：

「弟子們！你們對宇宙人生的奧妙真諦不僅要如是我聞，更要信受奉行，付諸實踐呀！」

弟子們歡喜雀躍，一一作禮佛陀而去。寬廣的祇園精舍剎時回歸一片空寂。佛陀斂目靜坐，進入甚深的禪定。天邊的夕陽逐漸地西墜，熱情地把天際染成一片暈紅，烘托出佛陀一身的光芒。歸巢的鳥群吱吱喳喳地引吭高歌，為靜寂的祇園增添一分生趣。佛陀輕輕地下座，慢慢地經行起來，要為眾生精進地走向菩提之道，舍利弗尊者在佛陀身後亦步亦趨地跟著。

空茫的穹蒼，一隻倦飛返巢的白鴿，優美地向祇園中的菩提樹叢飛下，驀然身後竄出一隻矯健剛猛的黑鷹，銳利似劍的鷹爪迅速地向白鴿抓去，白鴿驚得奮翮飛揚，向佛陀的方向飛落。佛陀丈六的身影庇照著白鴿，白鴿停止了戰慄恐懼，佛陀輕輕托起白鴿，放在胸前，黑鷹不甘地在天空盤旋，悻悻然地消逝於天邊。白鴿安詳地躺在佛陀的懷抱中，彷佛受到驚嚇的小孩，重新回到慈母溫暖的臂膀之中，有了天地之間無法替代的依怙。

舍利弗目睹老鷹追逐白鴿的驚險一幕，趕忙向前想搶救白鴿。但是當舍利弗的身影覆蓋著白鴿時，原本溫馴安詳的白鴿，突然發出驚懼的叫聲，全身觳觫顫抖不已。舍利弗瞠目咋舌，倒退幾步，一臉迷惑地問佛陀：

「佛陀！弟子遵循您的教誨，經過努力的修證，和您一樣已經斷除貪婪、瞋恚、愚痴三毒的煩惱，我並沒有加害鴿子的瞋念，為什麼我的影子才覆蓋到牠的身體，牠就如此的害怕發抖呢？而鴿子躺在您的懷中，碰觸到您的身體，牠卻那麼安然無懼呢？」

「舍利弗！你雖然去除了三毒的煩惱，但是無始以來的習氣卻很難根本斷盡。因此，雖然你沒有殺害白鴿的瞋心，但是牠卻仍然感受到你的瞋習熾盛，才會害怕不已。而成就佛陀的覺者，不僅煩惱已斷，一切的習氣更是清淨無染。舍利弗！縱然是草木鳥獸也都具有靈敏的覺性，能夠直觀誰是生命圓滿的佛陀呀！舍利弗！你知道這隻白鴿的過去未來因緣嗎？」

舍利弗於是摒除雜念，進入禪定三昧中，復從三昧中起，稟告佛陀：

「佛陀！這隻鳥從一二三世乃至八萬大劫之前都作白鴿，再過去的業緣果報不是我所能了解的；未來一二三世乃至八萬大劫，牠仍然墮為鴿身，再久遠的輪迴現象，更不是我智慧所能預知的。」

佛陀於是為舍利弗開演白鴿過去乃至未來無量劫的因緣本末，舍利弗感激地頂禮佛陀說：

「佛陀的德行如皎潔的皓月，佛陀的智慧如明亮的杲日，不是我們小德小慧的阿羅漢弟子所能比擬的呀！」

煩惱容易斷，習氣難去除。煩惱好比衣服上的灰塵，容易洗乾淨，而習氣就像潑上油漬，不易洗滌。習氣譬如塵沙惑一樣微細難斷。習氣成為一種慣力，可能影響生命輪轉的方向。佛世有阿羅漢弟子，雖然已斷盡一切煩惱，但是竟日對鏡攬照，左顧右盼，回眸嫣笑，原來五百世曾為女人；又有一阿羅漢弟子，口中咀嚼東西如牛吃草，原來五百世墮為牛身；有一人因捨不得嬌妻情愛，死後變成軟蟲，常住妻子鼻中，貪習使然爾！因此，佛弟子除了要努力修持三業，去除一切惡行，更要護心攝念，養成好習性，將來隨習者報，定能人身有份。

最尊貴的頭

夏天的印度，氣候燠熱，大地蒸出一層層油騰騰的溽氣。從四月十五日開始，僧侶們便結夏安居，不出外托缽行化，一心辦道。近三個月來，有不少人因為精進用功夫，證得阿羅漢果位。七月十五日，是僧自恣日、佛歡喜日，也是解夏的日子，更是緇信表達虔敬之心的僧寶日。在這一天，通常信徒們會備辦食物、鮮花等東西，來供養有修有證的出家人，希望借著供僧的福德因緣，增長自己的福慧。

早晨的曙光剛照射到皇宮的屋頂，阿育王便迫不及待地起床梳洗，吩咐隨從侍衛打點好一切。幾天前，阿育王便差人到精舍送遞邀請帖，禮請精舍的所有出家人七月十五日到皇宮來應供，接受他的虔誠供養。

阿育王為了慎重起見，親自四處察看一切是否就緒，飲食、醫藥、臥具、衣服四種供養是否齊全？應供的座位是否安排妥當？約莫中午時分，一千餘位出家人，身著橘黃色的袈裟，手捧著應量器，踏著三千威儀的步伐，嚴謹庠序地魚貫進入皇宮，接受阿育王的供養，陽光映射在他們的袈裟上，絢爛的光芒剎時照得皇宮更為金碧輝煌。

依照印度的習俗，即使是九五之尊的國王，供養沙門僧侶，也要行五體投地禮拜之儀，因為有修有證的出家人是出世間的導師，是人天師範，是弘揚佛陀聖教的使者，是眾生的福田，堪受眾生的恭敬。阿育王端肅恭敬地獻上四供養，並且一一地向每一位出家人頂禮。禮拜到牆角的最後一位，卻是一位年僅七歲的小沙彌，阿育王眉頭一皺，趕忙將小沙彌拉到帷幕裡面，摒除所有的衛兵宮女，靦腆地對小沙彌說：

「小沙彌，我是萬民景仰的國王，至尊至貴，今天不得不依照國家的禮俗，向稚幼孩童的你頂禮膜拜，如此難為情的事，你千萬不要告訴別人喔！」阿育王說完，摘下璀燦的皇冠，萬般無奈地匍伏於地上，行起五體投地禮。

小沙彌笑嘻嘻地從座位上爬了起來，突然將手中的瓦缽往空中拋擲，飄然一躍，騰飛在空中，瓦缽應聲變大，小沙彌忽而缽內，忽而缽外，忽而缽沿，手舞足蹈，姿態曼妙。缽中突然湧出一股清澈的水柱，水柱中噴出一條殷紅的火舌，小沙彌奮身跳入水火之中，忽而火中出水，忽而水中出火，小沙彌就像一條蛟龍，悠遊自在，看得阿育王瞠目咋舌，驚得說不出話來。小沙彌如一片樹葉輕落地上，若無其事地對阿育王說：

「國王！剛才我在空中嬉戲、缽裡翻筋斗的事，你也千萬不要告訴別人哦！」然後大搖大擺地走出了宮門。

阿育王恍然大悟，原來小沙彌是已經了脫煩惱、神通自如的阿羅漢尊者，懊悔自己的無知短見，與聖弟子失之交臂。

第二天上朝的時候，阿育王把頂禮小沙彌的事告訴了大臣們。大臣們議論紛紛：

「你是我們最尊敬的國王，你的頭最為尊貴，卑微幼小的小沙彌怎麼能夠承受你的禮拜？」

「你們認為我的頭最為尊貴，現在我們就來進行一項試驗吧！看看這世間上什麼人的頭最尊貴無比。」

阿育王派遣兩位大臣化妝成平民百姓，一人手持肥壯的豬頭，一人拿死囚犯的人頭，佯稱為阿育王的頭顱，分別去街道上叫賣，看看哪一個價錢比較好。大約一盞茶的時間過去了，賣豬頭的大臣喜孜孜地稟報賣了一兩錢，而阿育王的頭因為百姓們害怕惹來無妄之災，乏人問津。阿育王於是召集大臣們說：

「國王的頭甚至不及豬頭來得有價值，能夠禮敬三寶，向聖賢真理謙卑頂禮的頭，才是世間最尊貴的頭。」

佛教說四小不可輕：小沙彌、小龍（或小蛇）、小王子、星星之火。星星之火可以燎原，不可忽視它的災害；小王子長大之後，掌握國家的權勢，左右全民的幸福與否；小龍長大成為蛟龍，可以興風布雨（小蛇雖小，毒性一樣猛烈）；小沙彌雖然年紀幼小，將來成為堂堂正正的出家人，可以紹隆佛種，擔當如來家業弘法利生。世間上有許多的小東西，不可因為其小，而生怠慢之心：一滴小水滴，可以救活乾枯的魚；小小的兒童是國家希望所繫；勿以惡小而為之，勿以善小而不為；寸陰可以成就大事，對於小人物更應該平等對待，一樣尊重。「以貌取人，失之交臂」，古來便有明訓，能不謹慎？

神通何價

有二位師兄弟結伴同行，到各個名山去參學，希望得到名師指點，能夠深入佛法的堂奧。兩個人跋山涉水，芒鞋踏遍了嶺頭雲朵，但是依然雲深不知處，尋訪不到名師的蹤跡。二人決定分手各自尋師訪道，並且相約將來彼此有成就時再互相切磋。

師兄性喜神奇怪異，因此禮拜一位五通仙人，學會了天眼、天耳、神足、他心、宿命等五種神通，並且時常行走人間，顯現神通，贏得萬人的驚歎膜拜，儼然一代教主。師弟本性恬淡知足，皈投在佛教僧團，每日誦經念佛，作務修福，叢林四十八單工作，樣樣發心。

歲月悠悠，幾易寒暑。有一天，師弟奉常住命令，過江要到對岸小鎮為信徒祈福。師弟一路迤邐，信步走到江邊，只見千萬條的垂柳把江畔妝點得綠意盎然，碧波上水鴨悠遊戲水，陶然忘機。驀然從林蔭深處走來一位身著道袍的道人，大步地向江邊走來，看到正在候船的師弟，熱情地握住師弟的雙手，驚喜地嚷著：

「師弟！怎麼會是你？」

師弟仔細一看，果然是二十年不見的師兄，雖然身材偉岸如昔，但是歲月早已寫在臉上皺紋，兩鬢星霜點點。師弟也歡欣地拍著師兄的肩膀，雀躍地說：

「太意外難得了，轉眼間二十年都過去了，師兄你還是老當益壯，不減昔日威儀。」

「想當年我們師兄弟同時拜別師門，到四處去尋師訪道，不想二十年後卻在江邊不期而遇。這二十年之間，你遇見了什麼名師，學了些什麼法術？不妨說來聽聽。」

「我沒有學到什麼法術，我只不過在佛教的僧團學一些佛法，平日搬柴運水、聽經聞法、閒來看看經藏，我只是白天吃飯、晚上睡覺，保持一顆平常心而已。」師弟一派閒雅篤實，淡淡地回答。

「想不到二十年不見，我以為你有不凡的表現，原來也不過是個飯囊子。」師兄一臉鄙夷的神情。

「喔！師兄你這二十年又完成了什麼輝煌的道業？」

「說起我的成就，那可就不得了了！我和五通仙人學了五種神通，無論多麼遙遠的地方，我只要運用天眼通都能一目了然；相隔多少重的牆壁，我的天耳通都能聽得清清楚楚，彷彿在耳邊呢喃一般清晰；對方有什麼心事，都瞞不過我的他心通；過去、現在、未來的事情，我只要進入宿命通，便能歷歷如繪，浮現眼前；說起我的神足通，那可厲害了，不管千巖疊嶂、江河大海，我都能自在飛躍，如履平地。如何，你要不要見識見識我的廣大神通？」師兄一副洋洋得意、躍躍欲試的態度。

師弟不置可否地報以輕笑，兩師兄弟談話間，船家搖著櫓槳，「咿喲！咿喲！」嘴裡吆喝著，慢慢划到了岸邊。師兄撩起道袍，雙手打揖，對師弟說：

「師弟！我先走一步。」

隨手摘下一片嫩葉，抛向浩瀚的江波上，雙足一蹬，腳尖輕踩著葉片，凌波虛渡，渡到彼岸，踏腳處如蜻蜓點水，隨點隨化，了無波痕。師弟喚來船家，跳上木船，緩緩地盪去，輕風徐來，槳過處，畫出一圈圈的漣漪，時有魚兒躍出碧波，輕輕撞著船頭，遠處長滿蘆葦的沙汀上，傳來悠揚的笛聲，一幅祥和如畫的美景。師兄站在對岸的阜丘上，搖幌著雙手，高聲呼叫：

「師弟！快來喲！」一聲音迴盪在遼闊的江面，飄飄渺渺，斷斷續續。

木船慢慢地靠岸，師兄不等師弟站穩，便迫不及待地問：

「怎樣！我剛才的神足通你以為如何？」

師弟付了五分錢的船資給擺渡的老兒，然後慢條斯理地對師兄說：

「你修了二十年的神通，我只花了五分錢，一樣可以渡江。神通究竟何價？個中的道理不是至為明白嗎？」師弟的話如雷鳴般撞擊著師兄，師兄臉色一陣青、一陣白，驚愕囁嚅，無言以對。

世間人每以神通為珍異神奇，有人甚至為了追求神通而誤入歧途。其實科技昌明的現代人，每天不正在享受神通的生活嗎？電話千里傳言譬如天耳通，電視螢幕如見其人就是天眼通，飛機翱翔天際就是神足通。有了神通生活反而不自在，譬如有了他心通，別人對我的好惡毀譽，心知肚明，日子就過得不逍遙；有了宿命通，知道自己的大限即將來臨，寢食難安，日日如服刑。何況神通不能消除煩惱，神通不能超越生死業力。佛弟子不追求神通，佛弟子追求的是勘破生死煩惱的智慧。

一罐糖

有一個農夫，生了八個兒子，只生了一位掌上明珠，他對這個唯一的女兒疼愛有加，把她嫁給城裡布行的年輕人。有一天，他決定進城去看看女兒和女婿。

女兒看到從來不曾離開村莊一步的父親，為了看望自己，不辭舟車勞累，千里迢迢來到城中，心裡既歡喜又感動，夫妻倆於是放下工作，帶著老父親到鬧市去逛逛。鬧市裡，只見道路兩旁擺滿了各式的攤販，有賣糖葫蘆的，有賣花粉的，有剪紙的，有耍猴子把戲的，看得老父親傻了眼，驚喜地說不出話來。

三個人一路吃喝玩樂，玩得非常的盡興。回家的路上，女兒特地為滿嘴齒牙動搖的老父親，買了一罐特製的糖果。這罐糖果每粒都包有色彩鮮豔好看的糖紙，放在晶瑩剔透的玻璃瓶內，一眼望去，好似繽紛美麗的世界，令人不免垂涎三尺，想要吃它一口。吃在口中，表皮酥脆，入口即化，不甜不膩，齒頰留香。

老父親非常喜愛這罐糖，每天拿出一顆來品嘗，然後拴緊瓶蓋，小心翼翼地藏在隱密的地方，生怕小孫子偷吃了他的糖果。為了安全起見，他把糖果改放在瓦罐裡面，這樣一來，別人就看不到他的糖果了。

有一天，女兒和女婿正在忙著工作，老父親獨自在客廳享受他的糖果。忙碌中的女兒突然聽到父親天崩地裂的一聲驚叫，夫妻倆趕忙奔來一看，只見父親的手塞在瓦罐裡面，就像拳擊選手戴了個皮製的大手套一樣，模樣突梯滑稽極了，口中塞滿了香酥的糖果，鬍鬚上還沾滿細細碎碎的糖屑片子，口齒不清地喃喃說道：

「我的手，我的手！」

「你的手怎麼啦？」女兒焦急地問。

「我的手塞在瓶子裡，拔不出來了。」

女兒一看，雙手握緊瓶身，使出全身力氣，要幫父親把手拔出來。但是無論如何的用力，那隻手就好像植根大地的樹木，怎麼也動彈不得，女兒趕忙叫丈夫來幫忙。小夫妻一人抓住瓶罐，另外一人抱緊老人的腰身，彷彿小孩子玩拔河遊戲一般，使勁地拔。說也奇怪，那瓶罐就像塗了濃烈的膠液一樣，緊緊地黏住了老父親的手，任憑小夫妻如何地使力，始終拔不下來。

小夫妻情急起來，一人握住老父親的手，一人抓住瓦罐，嘿喲！嘿喲！拔了起來，還是沒有辦法，而老父親那隻布滿皺紋、骨瘦如柴的手，已經傷痕點點。女兒心疼不已，找來一塊大石頭，朝著瓦罐那圓圓鼓鼓的腹身敲去，「噹啷」一聲，瓦罐應聲破成片片，露出老父親滿抓一掌糖果的瘦手，堵在窄窄小小的瓶頸，硬是無法抽出。

貪婪，使我們得不到應有的，有時反而失去更多。中國話說：「捨得。」能夠捨，才能得，放下才能提起，要能提起，先要學放下。譬如故事中的老農夫，緊抓住一手的糖果不放，反而一塊糖也享受不到。甚至反為欲望所困，貪於眼前的利益，做出愚痴可笑的行徑。享樂，不可過度放縱，不知節制，反而因小失大，一無所有。一口氣吃一把糖，不如天天有糖吃。

不老的生命

波羅奈國的年輕國王登上王位，勵精圖治，對於國家的內政、外交、財稅、農林、糧食等方面施政，大肆改革，一心要把國家建設成富國強兵的大國。國王發現國家的老人人口眾多，老人既沒有生產能力，子女為了照顧老人反而要付出額外的辛勞工作，老人是社會經濟、醫療、食物的負擔，國王決定拿出魄力，做破釜沉舟的駭世革新。

國王對全國頒布命令：

「老人不但沒有勞動力，並且浪費社會的糧食，削減國家的競爭力，老人是我們國家的累贅。家中凡是有老人的，一律送到荒郊野外任憑他自生自滅。從今日起任何人家中，不可以奉養老人，違令者處以極刑重罰。」

國王的峻法一頒行，全國頓時陷入愁雲慘霧之間。有的年邁的父母，為了不忍連累子女，自己偷偷跑到深山野林，被野獸吞噬的不在少數，骨骸暴露在烈日之下，慘絕人寰；有的子女自私但求自保的，狠心將父母遺棄蠻荒郊外，不顧父母的哀泣悲喲。一道錯誤的政令，造成多少骨肉的離散，拆散多少美滿的家庭，但是國王一意孤行，不管人間慘劇。

有一位大臣一家人父慈子孝，兄弟友愛，為鄰里所讚揚。他有一位七十多歲的老父親，飽學多聞，閱世豐富，對子女非常的寬厚慈愛。大臣實在捨不得將白髮皤皤的父親丟棄在荒野挨餓受凍，遭受生命的危險。大臣臨機一動，在屋子底下挖鑿一座地窖，裡面設備一應俱全，把父親藏匿在地窖中，每日親自送湯捧茶，晨昏定省行禮如儀。老父親在地窖中生活，倒也清閒逍遙，又有兒子孝敬奉養，一家享受天倫之樂。

日子在平安中飛快地消逝。一日，鄰國看到波羅奈國沒有長者當政，趁機挑釁，派遣大臣來下戰書說：

「我國與貴國一向和平友好，並且年年向貴國進獻豐富的貢品，但是貴國卻沒有任何的回饋與照顧。從現在起敝國將不再附屬於貴國，我國有七個問題要請教貴國的文武大臣，如果回答得出，表示貴國蜀中有大將，良將賢臣濟濟一堂，我們就收兵不戰，歲歲繼續納貢，如果回答不出，休怪敝國先禮後兵，舉軍宣戰。」

「哪七個問題？」國王急切地追問。

「首先請教你們三個常識性的問題：

一隻大象不能用任何磅秤一類的度量衡工具，如何量出牠的重量？

兩隻毛色、骨格、腳力完全相彷彿的駿馬，如何分別出哪一匹是母親，哪一匹是兒子？

兩條長得一模一樣的蛇，如何一眼辨識雌雄？」

國王焦慮地環顧大臣：

「你們什麼人能夠回答這三個問題？」

大臣們面面相覷，個個噤若寒蟬，不能作言。國王不耐煩地問道：

「其他四個問題又是什麼內容？」

「其他四個問題是有關治國安邦的智慧問題：

世間上什麼東西最為珍貴？

世間上什麼事情最為快樂？

世間上什麼味道最為甘醇？

世間上什麼壽命最為長久？」

滿朝的君臣一時瞠目咋舌，不知如何回答？鄰國大使一臉狡猾地陰笑：

「敝國國王知道貴國是絕對回答不了這些簡單的問題，因此他特別寬厚一個月的期限，屆時貴國如果不能作出適當的回應，休怪我們進兵攻打。」說畢得意洋洋揚長而去。

受此羞辱的波羅奈國國王，暴跳如雷指著貫列兩旁的大臣們罵道：

「我養了你們這一群沒用的東西，如果回答不出這些問題，我要把你們統統殺掉。」

國王下令在全國各地貼上告示榜文，如果有百姓能夠解答鄰國所提出的七條問題，將給予重金獎賞。日子像蝸牛爬行一般地難挨，但是卻沒有一個智者出現，全國陷入山雨欲來風滿樓的恐懼氣氛。

孝順的大臣照往日一般來探望地窖中的父親，深深的憂慮寫在臉上，睿智的長者敏銳地讀出兒子的心事。兒子只好一五一十將事情原委和盤托出，長者淡然一笑說：

「這些問題太簡單了，你明天上朝時對國王如此如此稟報，必能解除國家的危機。」

國王聽了孝順的大臣的報告，轉憂為喜，下詔把鄰國大使召來說：

「貴國提出的問題，我現在就叫大臣回答你：

先把大象放在船中，量出船下沉的深度，放入等同重量的石頭，再磅秤出這些石頭的重量，便是大象的重量。

放一堆草給兩匹馬食用，搶著吃的是兒子，推讓不吃的一定是母馬，因為天下的母親總是最愛她的子女。

把蛇放在一些荊棘的上面，顯得焦躁不安的是公蛇，溫馴安詳的是母蛇。

世間最珍貴的東西是信心，信心門內有無盡的寶藏。

世間最快樂的事情是清淨解脫，涅槃第一樂。

世間最甘醇的美味是讚美語、柔軟語、真實語，好話猶如三春暖。

世間最永恆的生命是智慧，慧命永存。」

鄰國大臣聽了，謙卑行禮道：

「想不到貴國有如此賢良的大臣，我國今後仍將與貴國修好，歲貢不輟。」

一場戰爭的危機剎時化於無形，國王欣喜異常，準備給予孝順的大臣優渥的賞賜，大臣卻跪地請罪說：

「請國王原諒我對您的欺騙，其實這些答案是我父親傳授給我的，我違抗了您的命令，把父親私藏家中，請您降罪於我，但是千萬不要再殺害耄耋的老人了。」

國王聽了慚愧萬分，自己的愚痴害死多少的無辜生命，並且差一點為國家帶來巨大的災難，立刻昭告全國要善待國中的長者老人，波羅奈國從此成為奉行孝道的國家。

「家有一老，國有一寶。」老人不但不會成為社會的包袱，運用得當，還可以成為國家的資源。老人的體力也許比不上年輕人，但是老人的閱歷豐富，經驗充足，智慧純熟，處事圓融，正可借助他們的人生經歷為社會再服務，銀髮族可以挑選不消耗過度體力的工作，為自己再創造事業的第二春。隨著醫療科技的發達進步，許多已開發的國家，人口結構逐漸老人化。老化是人人必經的過程，也是國家社會必須面對的問題。「老驥伏櫪，志在千里」，老而不懼，退而不休，才是永遠青春不老不死的生命。

人身難得

在印度有兩位出家人結伴同行，他們行腳托缽，雲遊於天下。他們在石窟、森林、溪澗的旁邊，搭建簡單的茅篷，白天隨緣度化，信徒以粥飯供養法師，為物質的財布施；而法師則為他們講說佛教的道理，為智慧的法布施。財法二施，等無差別。晚上，他們便住在石窟內、茅篷裡，結跏趺坐，參禪用功，日子過得逍遙自在、精進踏實。

有一天清晨，兩人披搭袈裟，沐著晨曦，依照往日，威儀莊嚴地向一家一家的檀那次第托缽乞食。用過簡單的齋飯，兩人準備回到石窟，途中經過恆河，只見恆河中，有人沐浴漱口，有人淘米洗菜，好不熱鬧！恆河岸邊，正是焚屍場，一縷紫藍青煙，飄浮於清冷的空氣中，和一家一家裊裊的炊煙，交織成一幅生死一如的美妙畫面！

兩個出家人經過焚屍場，其中一人對著一堆屍體，指著其中一具死屍憤憤地說：

「都是你這個害人的東西！」

然後拿起地上的皮鞭，使足全力，重重地鞭打在屍體上面。他的同參看到了，趕快搶下他的鞭子，不以為然地責怪他：

「你這個人是怎麼搞的？這個人死了，已經很可憐了，你怎麼還如此殘忍地鞭打他，他究竟和你有什麼冤仇？」

「這具屍體正是我的冤家寇讎，他是前世的我呀！前世我雖然擁有了寶貴莊嚴的人身，但是卻不知道去珍惜，善加運用，反而依恃雄厚的資源，殺盜淫妄，作奸犯科，做盡世間傷天害理的惡事，最後失卻了人身，墮入無

間地獄，承受那綿綿無盡的炮烙煎刮的痛苦。這具屍體使我墮落三惡道，因此我要重重地鞭笞他，以示警誡！」出家人神情嚴肅地回答。

日子平淡地過去，有一天，兩人又經過焚屍場，其中的一位出家人對著一具屍體，恭恭敬敬地焚香膜拜，並且在四周撒滿豔麗的鮮花，清香四溢，寧謐祥和，看得一旁的同參一頭霧水，滿臉疑惑地問道：

「咦！奇怪了！上一回你看到一具屍體就鞭打，說是你的前世仇人；這回看到這具屍體卻頂禮再三，恭敬有加。莫非這屍體又是你的前世恩人啦！」

「你說對了！這具屍體也是前世的我呀！過去我做盡壞事，受完地獄果報之後，知道虔誠懺悔，痛改前愆，終於又保有人身，重新做人，成為謹守三皈五戒的佛弟子，奉行十善，才有今日出家修行的因緣。這具屍體是使我離苦得度的大善知識，因此我要對他散布香花、恭敬禮拜。」

水能載舟，也能覆舟；父母給我們的血肉之軀，可以行善，接受香花的供養，也可能作惡，受到鞭子的笞打，這一切就取決於我們如何運用智慧。古人說：「身體髮膚，受之父母，不敢毀傷，孝之始也。」意思是說不敢將父母所賜予的生命，做私人恩怨的格鬥、斷肢截體，傷害父母劬勞顧護的恩澤。如若眾生需要，縱然捨生殺身、奉獻塵剎，完成大孝，也不吝惜！否則尸位素餐，守住空殼，不能發揮生命的光與熱，就空為人身一場！佛說：「得人身如爪上土，失人身如大地塵。」如此寶貴的人身，我們究竟要如何善用，能不慎思！

蜘蛛之絲

在印度有一個江洋大盜，名叫犍陀多，生性凶殘，殺盜婬掠，世間上的惡事無不做盡，官府於是下令緝拿，要將他繩之以法。犍陀多亡命天涯，躲藏官府的追捕，白天隱匿在荒陬野外，夜晚才潛出覓食，餐風飲露，彷彿驚弓之鳥，每天過膽顫心懼的日子。

全國貼滿了犍陀多的繪圖，一定要把他捉擒到案，接受法律的制裁，犍陀多只好躲到深山黑林之中。一天，他悄悄地跑到一個村落，想要偷竊一些食物，以療治轆轆飢腸。他潛進雞舍裡面，身手矯健抓了一隻又肥又壯的老母雞，迅速敏捷地奪門而出，一腳跨出搖搖欲墜的雞舍門檻，暮色蒼茫中，隱約看到一團小小的黑影在蠕動。犍陀多低頭仔細一瞧，原來是一隻黑得發亮的蜘蛛，張著身上細長的足爪，倉惶地跑竄，想要逃出犍陀多如泰山壓頂般巨大的腳掌。犍陀多突然萌發惻隱之心：「這個小東西，也是一條生命，我一生殺人無數，對於這個脆弱的生命，何必趕盡殺絕？」犍陀多抬起千鈞的巨足，蜘蛛喘息地爬出腳底，瞬間消逝在腐朽的牆柱石縫間，犍陀多得意地發出嘎嘎的怪笑聲，驚得一窩的雛子此起彼落地咯咯鳴叫。

犍陀多終於惡貫滿盈，難逃恢恢法網，被巡捕擒獲，並且被判處死刑。由於犍陀多惡業深重，處死後，一縷幽魂墮入無間地獄接受永無止盡的痛苦煎逼。在闃黑、陰森、幽冷的無間地獄裡，許多和犍陀多一樣的一闡提眾生，受著人間難以言喻的業報刑苦。犍陀多看到自己的神形，同時被推落在湯鑊、炮烙、劍林、錐臼、血地等地獄中受苦，但是一陣業風吹拂過去，幻滅的生命又化生復甦，如此週而復始，空間無間斷、時間無間斷，綿綿無止期地沉淪、墜落。

釋迦牟尼佛佇立在極樂世界的蓮花池畔，盛開的白蓮花四溢著淡淡的清香。佛陀環顧著池中的清波，陣陣的漣漪蕩漾出一朵朵的清蓮，佛陀紺青的慈眼凝視著波心，波心底下無量幽遠的阿鼻世界，犍陀多和一群地獄眾生，拖著焦灼、疲憊的身體，步履蹣跚地走著，哀號、呻吟的聲音，空空杳杳地迴盪在四周，佛陀知道犍陀多的得度因緣到了，從蓮花嫩黃的花蕊中心，放下一條堅細如鋼絲的蜘蛛之絲，一直伸展到遼遠無涯的阿鼻地獄，想要救拔犍陀多脫離地獄之苦。

犍陀多無助地在地獄中輪轉受苦，死了又生，生了又死，永無止息，生命陷入永無希望的黑暗深淵。犍陀多絕望地仰天悲啕，乾澀灼傷的眼睛卻擠不出一滴淚水。

突然間，覷眼一瞧，從無邊的天際垂下細如針毛的蜘蛛之絲，黯黑的穹蒼閃爍著一線銀色的光芒。犍陀多好似陷溺水中的人，看到一葉浮萍一般，死命地抓住蜘蛛之絲，以矯健的身手，卯足渾身力量向上攀爬，要從無量痛苦的地獄爬向光明安樂的極樂世界。

地獄的其他眾生看到犍陀多抓住蜘蛛之絲，飄蕩在半空中，這一線生機，豈可錯失？於是如潮水般群湧而至，七手八腳，爭先恐後抓著蜘蛛之絲，推著、擠著，企圖爬出地獄。脆弱的蛛絲突然承受巨大的重量，像失去平衡的鐘擺，激烈地搖晃擺動起來。犍陀多低頭一看，細細的蜘蛛之絲上面，纏掛著一群乾癟黝黑的眾生，彷彿一串飽結樹枝的紫色葡萄，壓得瘦細的枝枒扭曲了腰身，大有應聲而斷的危險。犍陀多一驚，這唯一的生命之藤怎能遭受破壞，萬一蜘蛛絲承載不了這麼大的重量，自己豈不喪失絕無僅有的解脫機會，繼續在地獄中受苦，永劫不復？念頭一轉，趕忙提起右足，全力踹著腳下的同伴頭頂，一個、二個、三個……其他的地獄眾生紛紛被他一腳踢墜無底的黑洞。犍陀多眼看力敗群雄，一如他當年的驍勇，得意地嘿嘿長嘯。蜘蛛之絲經過急遽的震動搖盪，突然從中折斷，犍陀多好像斷線的風箏，迅速地墜向地獄，沉淪墮落，受苦無間。

佛陀在蓮花池畔，看到了眾生這一幕幕貪婪、自私的現象，輕輕地喟嘆眾生真是愚頑不化啊！然後慢慢地向講堂走回。池中的蓮花飄散著淡雅的香氣，一如平日。

善惡在一念之間，犍陀多以一闡提眾生性，因為一念之善，救了蜘蛛一命，仍有得度解脫的因緣，但是又因一念瞋心起，不能同體大悲，終於又把自己推墮地獄。成佛作祖是此心，三途惡報也是此心，怎能不戒懼謹慎，如頑冥罪惡的眾生，佛陀仍然不放棄給予得度的因緣，阿鼻地獄眾生受苦無間，而佛陀的慈悲大願也是無量無盡。

黃金毒蛇

佛陀帶著阿難四處行化，一日清晨，走到一座村莊，正逢收割季節，放眼望去，一片稻海，陽光照射在粒粒飽滿的稻穗上，映爍著黃金色的光芒。和風徐徐吹拂，稻浪翻騰，好似一波一波的江濤，向佛陀恭敬地頷首禮拜。一陣陣的稻香，隨著輕風的飄颺，空氣中糅合著淡雅清馨的甘甜。遠處偶而傳來幾聲雞鳴狗吠，村莊上的婦女正迎接著忙碌的早晨，炊煙裊裊，桑園竹林，彷彿世外桃源。

阿難入村托來缽飯，服侍佛陀用過早齋，洗完缽盂，在壟丘的石頭上稍事趺坐。這時村莊內的壯丁，紛紛荷著耒耜到田中去耕作，口中還哼著「日出而作，日入而息」的小調，一派其樂融融的田園風光。

佛陀二人步下小丘，走到田埂小徑，在汩汩的溝渠間，隱隱約約地閃耀著和稻穗一樣的金黃，阿難定睛一看，是一塊沉甸甸、黃澄澄的金塊，四平八穩地躺在一堆泥淖中。阿難正要彎下身去撿拾，佛陀出聲加以阻止：

「阿難！那是一條毒蛇，不要貪心碰觸它，以免惹禍上身。」

「是的，佛陀！那的確是一條毒蛇。」

師徒二人心無掛礙地輕步離去。佛陀與阿難的對話，一字一句清晰地傳入幾公尺外，正在努力割稻的年輕莊稼漢，聽到佛陀說水溝中有蛇，提起鋤頭三步二步跑到溝邊，準備打草驚蛇，大顯身手一番。年輕的莊稼漢用鋤頭在泥堆中一番攪動，哪裡是什麼毒蛇，竟然是一塊閃閃發亮的黃金，年輕的農夫欣喜欲狂，高聲疾呼在田中幹活的父親。父子倆小心翼翼地撈出沾滿泥漿的黃金，用清水加以洗滌，黃金剎時現出它的本色，金光燦爛。二人仔細端詳，這塊黃金少說有十兩重，長長方方，像一塊石磚，上面刻鏤幾行字，筆勢遒勁有力，對於不識字的父子，仍然可以看出它的雕鑄工夫之精緻。

父子倆歡天喜地捧著金塊回家，從天而降的錢財，想必是老天眷戀他們一門忠厚勤奮，從今以後再也不必辛苦耕種，僅能勉強一家糊口溫飽。父子把黃金拿去變賣，買來華麗的衣服，蓋起高廣的大廈，添購車騎僮僕，儼然富貴人家。

國家的庫銀被盜賊偷竊一空，官衙派出幹練的偵騎緝捕竊盜，全國貼滿告示：如有隱藏盜賊及黃金者，一律同罪。盜寇很快便被捕獲，被竊取的官銀悉數追回國庫，但是清點結果獨獨少了一塊。有好事者向官吏密告：某家父子突然富有起來，好像得了一筆橫財。官吏風聲鶴唳地追查，在當鋪查到黃金，循著線索逮捕父子二人，父子二人正沉溺在醇酒美人的夢境，突如其來的災禍，猶如晴天霹靂。二人鋃鐺入獄，對泣牢中，突然憶起佛陀與阿難的對話，父親沮喪地對兒子說：

「阿難！毒蛇！」

「是的，佛陀！那的確是一條毒蛇。」兒子無精打采地。

巡邏的獄卒聽到父子的對話，以為佛陀與弟子也牽涉案件，趕忙報告官府大老爺。恰巧辦案的大臣是佛陀的皈依弟子，經過一番明察暗訪，明白事情的始末，原來這一對父子只是臨時興起貪念，並非盜竊的同夥。於是從輕發落，給予杖責懲誡。父子死裡逃生，重見光明，深深覺得佛陀的睿智，洞察先機於未萌，父親語重心長地對兒子說：

「不義的錢財，不是福報，是災禍的根源。阿難！不當得的黃金是噬人的毒蛇啊！」

佛教說世間的錢財為五家共有：水災、火災、戰爭、苛政、不肖子孫。水火無情，萬頃良田、萬貫財物毀於一夕；戰爭殘酷，剝奪多少人的田園、財產、生命；苛政猛於虎，貪官汙吏強取豪奪民脂民膏；不肖子孫變賣家業。這五家與我們共有金錢財產。有錢是福報，會用錢需要智慧；福者禍之所伏，禍者福之所依，不義之財應視之如糞土，人生除了要追求黃金的外財之外，人生更要追求慈悲、智慧、清淨的內財，外財容易失卻，而內財則與日俱增，賊偷偷不得，永恆不失。

誦經八折

有一位信佛虔誠的老居士，專修淨土法門，平時持念阿彌陀佛的聖號不斷，一心想要往生西方極樂世界。他感受到自己時日不多，大限之期即將來到，臨終前把兒子叫到床前，殷殷囑咐：

「我就快要死了，謝謝你們平日對我的盡心孝養，我希望你依照佛教儀式送我最後一程。我死以後，你一定要禮請寺院的法師來為我誦經助念，引導我往生西方極樂世界。」說完安詳地闔目而逝。

兒子哀慟欲絕地辦理父親的喪事，並且遵循老父的遺言到寺院請來法師為父親舉薦佛事。兒子自奉儉約，慳吝成性，想到這喪葬佛事一定所費不貲，趕忙問法師說：

「超薦往生佛事要念誦什麼經？需要多少錢？」

法師一聽：原來是個一毛不拔的守財奴，有意教育他：

「接引亡者往生西方極樂世界要念誦《阿彌陀經》，要花費一千錢。」

兒子聽了，滿臉捨不得的神情，為難地說：

「這麼貴呀！能不能給個優待，打個八折怎樣？」

「咦？請人誦經做佛事是心甘情願的事，又不是買東西打折扣，絕對不二價。」

「拜託拜託！無論如何請你行個方便，打八折好不好？」兒子拿出平日在市場與商販錙銖必較的功夫，一本正經地和法師殺起價來。

法師拗不過他的纏功，只好妥協：

「好！好！打八折就打八折。」

燈香燭果一切準備就緒後，法師莊嚴壇場舉腔誦經超度亡者，誦經前要禮請諸佛菩薩海會雲來集，加被往生的人，只見法師不急不緩地念道：

「南無東方阿閦佛國的諸佛菩薩，請您們慈悲降臨壇場，把亡者接引到東方世界去往生。」如此舉腔三請，一次比一次聲音宏量，字字撞擊在兒子的心坎上，兒子連忙打斷誦經的程序，一臉疑惑地問：

「且慢！我父親交待要往生西方極樂世界，為什麼師父您卻請東方佛國的諸佛菩薩來接引他呢？」

「往生西方極樂世界需要一千錢的費用，你堅持要打八折，八百錢只能到距離近一點的東方世界囉！」法師神情篤定，一派若無其事的樣子。

兒子沉吟細思：為了自己吝惜二百錢，連累父親往生不了西方極樂世界，只能到東方佛國，實在大逆不孝。他咬咬牙，終於破釜沉舟下了最大的決心：

「師父！我願意多加二百錢，請您重來還是接引家父到西方極樂世界去吧！」

法師舉手振鈴，重新祝禱道：

「西方極樂世界的阿彌陀佛、觀世音菩薩、大勢至菩薩！請您們手持金台來接引亡者往生彼國。」

佛事正莊嚴如儀地進行，突然躺在棺槨中的父親，一骨碌地坐了起來，指著兒子的鼻子大罵：

「你這個不肖子！為了你要節省二百錢，一會兒東方，一會兒西方，害你

老子東奔西跑，忙壞東西方的佛菩薩，累散我一身的老骨架，你知道嗎？」說完，整整衣裾安安詳詳地躺回棺中。兒子早已嚇得如寒蟬，臉上一陣青、一陣白，一句話也說不出來。

《金剛經》說，四句偈的功德大於如恆河沙數的七寶供養。誦經念佛本是無上功德的佛事，不能以世俗的價值等量之，如果心意虔誠莊敬，一文錢大如須彌山；如果貪吝計較，再多的金錢也賤如糞土，毫無功德可言。為逝世的親人舉薦佛事，本是一件純孝可嘉的善行，也是一樁修行的功德，但是如果以市儈心度量計較，本來無上無價的功德便變成福德，甚至弄巧反拙貽笑大方。

母親的心

有一位寡母茹苦含辛把幼小的獨子撫養成人，母子形影相弔，相依為命，走過艱辛坎坷的日子。兒子長得溫文儒雅，才學出眾，深獲大家讚揚。歲月推移，兒子已經到了立業成家的適婚年齡，上門來提親說媒的人絡繹不絕，把門檻都快踩平了，但是兒子眼光高，沒有中意的對象。在一次偶然的聚會中，兒子年輕的心被一位標緻的姑娘虜獲了，二人墜入再世的情網，濃情蜜意，片刻無法分離。一個柔和月夜，兒子終於提出勇氣，向心愛的姑娘提出結婚的願望：

「你願意嫁給我為妻子，和我攜手組織家庭，共創未來的人生嗎？」

只見姑娘低頭深思，沉吟不語，久久才回答道：

「你要娶我為妻，你能給我什麼幸福呢？」

「我將以摯愛的生命為誓言，對你的真心生死不渝。」青年磐石不轉移地表示情意。

「喔！你願意把最珍貴的生命獻給我嗎？我只想向你要一樣你最心愛的東西，以證明你對我的真誠感情。」

「我的身心血肉都可以獻給你，天邊的星月我也願意乘坐雲梯摘下它，做為你髮鬢的飾物。」青年含情脈脈地凝視著姑娘娟秀的臉龐。

「那倒不必！我聽說你和母親感情深厚，血脈相連，彼此以對方為自己的生命，如果你真的愛我，就把你母親的心獻給我，證明你愛我甚於你的母親。」姑娘柔柔的語氣透著一股冷冷的寒意。

「不！不！太殘忍了，我不能做如此傷天害理的事。」青年驚得目瞪口呆，剎時少女美麗的容貌扭曲成魔鬼般的猙獰。

一段人人欣羨的愛情，因為現實利益的差異而告仳離絕裂，青年陷入美麗的哀愁，每天飲酒來麻醉自己，但是姑娘巧笑倩兮的儷影卻經常浮現在他的眼前，成為他揮之不去的夢魘。這一切的異常行徑，點點滴滴都看在母親的眼中，憂心忡忡的老母親小心翼翼地試探孩子的傷痛，卻換來如受傷野獸般的瘋狂咆哮，老母親陷入前所未有的無助深淵。愛不重不生娑婆，青年決定做人生最後的抉擇，再度和心愛的人談判：

「自從和你分手之後，我努力忘掉我們之間的一段感情，可是你的影子始終浮現在我的腦海，這一生我已經不能失去你，你願意接受我的痴情，共結連理嗎？」

「我不是早已告訴過你，要娶我除非以你母親的心作為聘禮，我要知道在你心目中，究竟你母親比較重要，還是對我比較關心？」姑娘斬釘截鐵地說。

青年腳步踉蹌，滿臉怔忡沮喪地說：

「好！為了表示我對你生死相許的真愛，我決定以母親的心為聘禮，迎娶你為妻子。」

月黑風高的深夜，青年趁著老母親熟睡，摸索來到床前，撩起蚊帳，舉起手中的利刃，星光照在刃口上，發出閃閃的寒光。青年心中一橫，朝母親的胸口猛刺下去，雙手掏出血跡斑斑、溫熱跳動的心，正要跨下床欄，突然一陣雷電交加，青年只見天際一群魑魅魍魎向他撲來，心中一驚，腳下一滑，跌倒在冰冷的地上，手中那顆熱騰騰母親的心「咚！咚！」地滾到角落。青年觳觫顫抖不已，自己做了大逆不道的事情，天地不容。這時角落中母親的心卻響起了慈愛的聲音：

「乖兒子！你摔疼了沒有？傷要不要緊？」

兒子此時再也忍耐不住，淚如雨下，嚎啕大哭。

母親的心是天下最為慈愛的心，母親對子女推乾就濕，苦的自己嗜，甘美的給子女。施恩於子女不求回報，源源不斷付出慈愛；子女忤逆背叛，依然春暉照拂，無怨無悔。母親的心，其實就是佛陀對待眾生那無止無盡的慈悲心。眾生就像那情欲深重的青年，不知慈母的可貴，背叛慈母的教誨。什麼時候眾生才能幡然醒悟，體會母親大慈大悲的無上深心？

沒有良心

公輸般是中國有名的工程師，也是工匠的祖師。他的一雙巧手，可以製造出防衛敵人攻城的雲梯，更能製造出日常生活所需要的種種用具，他擁有精湛的工巧明。

公輸般巧奪天工的技藝聞名遐邇，吸引天下許多的青年潮湧而至，拜投在他的門下學習一技之長，但是公輸般嚴峻的門規，心性脆弱的年輕人紛紛的知難而退，最後只剩下二、三位老成篤實的弟子。公輸般全心全意地調教碩果僅存的入室弟子，想把一身的絕學傳授給他們，尤其是憨厚耐勞的小徒弟，更是傾囊相授，視為傳人。

由於人手的短缺，工作的繁重，公輸般決定研發出一種木頭的機器人，來代勞瑣碎的生活雜事。他巧妙地設計，再三的測量，精確地算出機器人的頭顱、雙手、雙腳、身體的長度，經過幾次失敗的實驗，終於神乎其技地創造出一個能夠煮飯、洗衣、掃地，活動自由，宛如真人的機器人，師徒欣喜異常，從此生活可以省去無謂的辛勞，假手木頭機器人來操作。

公輸般成功創造機器人的消息不脛而走，每天懷著好奇心前來觀看的人不絕於途，有好事者甚至建議公輸般可以大量製作，供應市場，大發利市，但是都被公輸般嚴詞拒絕了。觀賞者和公輸般一番無心的對話，卻觸動了小徒弟那蟄居已久的欲念：「假如我會製造許多的機器人，便可以發大財了，再也不必做人家的徒弟，受人差遣打罵，仰賴別人的鼻息過生活。」

主意已定，從此小徒弟每天跟隨著公輸般身邊，細心觀察師父的語默動靜，把師父製造木頭機器人的過程，鉅細靡遺地默記在心頭。一年的時光流逝了，徒弟自認為師父的一切技藝都已經學成了，決定要另闢蹊徑，自立門戶。趁著星月稀疏的晚上，向著熟睡中的師父叩頭拜別，找到一個落腳處，開了一家木匠店，依樣畫葫蘆，製造起木頭的機器人來。但是任憑小徒弟如何的製作，一樣的材料、一樣的尺寸、一樣的藍圖，維妙維肖、幾可亂真的機器人雖然做好了，但是卻十足的木頭人，兀自杵立著，一動也不動。小徒弟懊惱填膺，原來怎麼使機器人轉動起來的要訣，自己卻疏忽錯失了。

小徒弟萬般無奈，羞慚滿面向師父負荊請罪：

「弟子慚愧，不應該背叛師門，偷竊師父的才學，卻又學藝不精；狂妄愚昧想要另立門戶。請師父寬宏大量，接受弟子的摯誠懺悔！」

公輸般不慍不喜地說：

「知過能改，善莫大焉，在外面闖蕩，一定吃了不少苦頭吧？」

「弟子有一事不明於心，為什麼我依照你平日所教導的方法，一模一樣製作出來的機器人，卻絲毫也動彈不得呢？」弟子不死心地追問答案。

「你量手腳了嗎？」公輸般輕描淡寫地問。

「量了！」弟子一本正經地回答。

「量身體了嗎？」公輸般不放鬆再追問。

「量了！」弟子一副自信滿滿的神情。

「量頭了嗎？」公輸般再問。

「量了！」弟子不耐煩極了。

「量（良）心了沒有？」公輸般嘴邊透著微妙的笑意。

「沒有量（良）心！」弟子不假思索地回答。

「沒有良心的東西，怎麼容於天地之間？沒有良心的人是寸步難行，當然動彈不得囉！」公輸般語重心長地教育弟子。

世間上的財富有用盡的時候，世間上的權勢有消頹的時刻，唯一不生不滅的是我們的良知良能，唯一不增不減的是我們清淨的自性。如何保持良心不昧，是人生重要的課題。

四種馬

有一天，釋迦牟尼佛坐在王舍城的竹林精舍裡，出去托缽的弟子們，沐著清晨的陽光陸陸續續地回到精舍，一個個威儀具足，神態安詳。弟子們靜靜地走到水池旁邊，輕輕地洗去沾在腳踝上的塵土，然後庠序有次的端坐在尼師壇坐具上，等待佛陀的開示。

佛陀坐在金剛座上，慈祥地俯視著弟子們，以輕微而清晰的音聲開示弟子們道：「世間有四種馬：第一種良馬，主人為牠配上馬鞍，駕上轡頭，牠能夠日行千里，快速如流星。尤其可貴的是當主人一揚起鞭子，牠一見到鞭影，便能夠知道主人的心意，遲速緩急，前進後退，都能夠揣度得恰到好處，不差毫釐，這是能夠明察秋毫、洞燭先機的第一等良驥。

第二種好馬，當主人的鞭子打下來的時候，牠看到鞭影不能馬上警覺，但是等鞭子笞打到了馬尾的毛端，牠也能感受到主人的意思，奔躍飛騰，這是反應靈敏、矯健善走的好馬。

第三種庸馬，不管主人幾度揚起皮鞭，見到鞭影，牠不但遲鈍毫無反應，甚至皮鞭如雨點地揮打在皮毛上，牠都無動於衷。等到主人動了怒氣，鞭棍交加打在結實的肉軀上，牠才能憬然察覺，順著主人的命令奔跑，這是後知後覺的平凡庸馬。

第四種駑馬，主人揚起了鞭子，牠視若未睹；鞭棍抽打在皮肉上，牠也毫無知覺；等到主人盛怒極了，雙腿夾緊馬鞍兩側的鐵錐，霎時痛刺骨髓，皮肉潰爛，牠才如夢大醒，放足狂奔，這是愚劣無知、冥頑不化的駑馬。」

佛陀說到這裡，突然停頓下來，

眼光柔和地逡巡著一千二百五十位弟子，弟子們正聚精會神地等待佛陀繼續宣說妙法，寬大的竹林精舍靜悄悄地，只聽到菴摩羅樹葉輕輕的飄落聲，以及佛陀莊嚴而平和的音聲：

「弟子們！這四種馬代表四種不同根器的眾生。第一種人聽聞世間有無常變異的現象，生命有殞落生滅的情境，他便能悚然警惕，奮起精進，努力創造嶄新的生命。好比第一等良馬，看到鞭影就知道向前奔跑，不必等到死亡的鞭子抽打在身上，喪身失命了，才後悔莫及。

第二種人看到世間的花開花凋、月圓月缺，他人生命的起起落落、無常侵逼，他也能及時鞭策自己，不敢懈怠。好比第二等好馬，鞭子才打在皮毛上，便知道放足馳騁。

第三種人看到自己的親族好友經歷死亡的煎熬壞滅，人世的顛沛困頓，身受手足割截、骨肉拆裂的痛苦，才知道觳觫驚懼，珍惜歲月，營運生命。好比第三等的庸馬，非要受到主人鞭杖的切膚之痛，才能幡然省悟。

第四種人當自己病魔侵身、四大假壞，一口氣如風前殘燭悠悠弱弱的時候，才懊恨憂悶，悔不當初及時努力，人生空走一回。好比第四等駑馬，受到徹骨徹髓的亡身遽痛，才知道奔跑。」

這則譬喻出自《雜阿含經》，佛教有一句話說：「菩薩畏因，眾生畏果。」有智慧的人處事能夠高瞻遠矚，看得遠，想得透，事情尚未發生，便能防患未然；路不敢走絕，事不敢做盡，人生留有轉寰的餘地。而愚痴人只看到近功短利，巧取豪奪，等到鑄成大錯，嘗到惡果，只能徒呼奈何了。人生要做第幾等馬，就在你我的選擇。

老祖父的碗

有一位大企業家，白手起家，胼手胝足開創了一片天地，正當事業如日中天，登峰造極的時候，由於他平日過度勞累，疏忽了身體的健康。一天，當他正要處理棘手的公事時，突然發生中風的病變，送醫診治結果，右邊身體麻痺，手不能提，腳不良於行。他從叱吒於商場的大企業家一變而為殘廢的老人，心情的落寞、悽惻，沒有傾訴的對象，他只得把所有的家業都傳給獨生的兒子繼承。

兒子突然接受如此龐大的事業，感激父親的創業維艱，剛開始還能夠甘旨孝養，克盡人子的孝道，但是久病床前無孝子，兒子漸漸對父親遲鈍不便的行動嫌厭起來，後來甚至惡言惡形相向，不假顏色。

一家人同桌共享晚餐，老父親端起湯碗正要喝湯，身上的神經細胞不聽使喚，一個失手，瓷碗跌落在地上，發出清脆的聲音，碎成一地的片片，灑得一桌的湯湯水水，兒子憤怒地拍桌吼叫：

「弄得這麼骯髒，叫人噁心得吃不下飯。王嫂！明天起給老太爺準備另一套摔不破的鋼碗，安排一張小桌子，讓他一個人單獨用餐。」

管家的王嫂唯唯稱諾，敢怒不敢言的張羅一切。老人噙著淚水，把一切的悲苦都往肚子裡吞嚥。從此，用餐的時刻，兒子和媳婦、獨一的小孫子，一家和樂融融地享受著佳肴；角落的一旁，寂寞的老人艱難地使用著器皿，身影煢煢地咀嚼他的孤獨。

天真浪漫的小孫子，從小坐在祖父的膝蓋上長大，祖孫兩人的感情彌篤彌堅，不曾因為祖父的中風而稍有改變。小孫子常常牽著祖父，到庭院走動晒太陽，使憂傷的老人遭遇炎涼的世態，還有一絲的天倫之樂。雖然兒子常加阻止祖孫的接近，但是無邪的孩子卻沒有大人揀擇的差別心，依然膩在祖父身邊，纏著祖父訴說那永遠也說不完的盤古開荒時代的故事。

兒子每天忙碌地工作，但是每天抽空回家，陪伴自己最疼愛的獨子吃飯。有一天，兒子看到小孫子正在和老祖父同桌共進晚餐。他驚恐地一把抱起小兒子，彷彿逃避瘟疫一般，氣急敗壞地跺腳大罵：

「你怎麼可以和他一起吃飯，萬一得到了傳染病怎麼辦？」

小孩子睜著清澈無染的眼睛，不解地望著大人恩恩怨怨的世界。第二天起，兒子硬生生將祖孫二人隔離，把老人最後的一點生趣無情地剝奪了。從此偌大的豪華大廈裡，聽不見孩子銀鈴般的笑聲。一日，兒子提早結束工作回家，踏進房門，看見孩子正小心翼翼把祖父吃過飯的碗筷細心地清洗，然後踩在高椅上，墊著腳跟，吃力地將祖父的碗放在高可及人的櫥櫃裡，狀極危險。兒子出其不備地喝止：

「你在做什麼？」

「我要把老祖父的碗收藏好。」

「你為什麼老是要碰那個骯髒汙穢的碗？」

「你現在用這個碗盛飯給祖父吃，將來我長大之後，也要用這個碗盛飯給你吃呀！」

童真的言語句句如錐針一般刺痛著兒子的心，原來自己平日愚昧的行為，為天真的孩子做了錯誤的示範，因果真是歷歷不昧呀！趕忙涕淚縱橫地向老父親下跪懺悔，老父親撫著兒子的頭，感慨萬千地說：

記得當初我養兒　我兒今又養孫兒

我兒餓我由他餓　莫教孫兒餓我兒

佛經上說父母恩重難報，為人子者縱使三大阿僧祇劫擔父挑母，行無盡功德，都難報答父恩母愛於千萬分之一。孝養父母應出於誠心恭敬，否則與豢養貓狗寵物沒有兩樣，尤其不能因為父母老病而生厭棄之心。「公道世間唯白髮，貴人頭上不曾饒。」每一個人都會老，孝養自己家中的年老父母，進而能夠「老吾老以及人之老」，未來必能享受快樂的老年生活。

佛像與大磬

大雄寶殿內，一尊銅製的佛像穩重地端坐在金剛座上，莊嚴的法相彷彿佛陀昔日三十二相的再現。佛像精緻的雕工，勻稱的五官六根，巧奪天工，可以想像當初雕刻師的獨運匠心。

大殿內法會如序的進行，虔誠的檀那信徒呈獻香花燈燭、七寶琉璃等諸供養，維那敲擊大磬高舉梵腔，梵唱悠悠，向佛陀表達衷心的禮讚，佛像慈眉善目，俯視著匍跪在蒲團上的佛弟子，宛如佛的真身。

暮色悄悄地向大殿籠罩，善男信女手提竹籃，魚貫走出寺院，心開意解地各自返家。大殿從白日的熱鬧漸趨寧靜，佛前的一對長明燈，閃爍著熒熒的光芒。

夜闌人靜，萬籟俱寂，闃無人聲的大殿突然響起了一陣騷動，佛像定睛一看，原來是陳列在案桌旁的大磬，正鼓著腮幫子，氣鼓鼓地嘟囔著。佛像和顏悅色地問道：

「大磬！你怎麼啦？誰招惹你生氣了？」

「我覺得世間太不公平了，為什麼我們兩個的待遇如此的懸殊？」大磬憤憤不平地說。

「此話怎講？你不要著急，有什麼不平，但說無妨。」佛像還是一派不慍不火的神情。

「你是青銅製造成的佛像，而我也是青銅製造的大磬，為什麼信徒對你就百般恭敬，對我卻不一樣的態度？」

「有什麼差別的態度呢？」

「當信徒到寺院來朝聖禮拜時，總是把美味的食物供養你，對你又是上香獻饌，又是五體投地，頂禮膜拜。但是對我卻截然不同，說什麼拜佛不敲磬，佛祖不相信。拿起磬槌，在我的身上猛敲狂打，打得我遍體鱗傷，鼻青眼腫。為什麼我們同樣是銅製的佛具，你就接受世人的優渥禮敬，而我卻要忍受無禮的敲

打。」大磬的忿懣如泛濫的黃河，一發不可收拾，一股腦兒傾瀉出來。

佛像靜靜地傾聽大磬的抱怨，然後慈祥地端視著大磬，語氣柔軟地說道：

「大磬！你不要憤恨難平，我告訴你個中的因緣果報。我和你雖然同樣都是青銅製造而成的，但是當初人們為了要把我雕鑄成一尊莊嚴的佛像，鼻子部位太高了，就用錐棒用力的敲打削薄；耳朵不夠深窪，就用鋼鑽使勁的挖摳；身軀不夠圓滿，就用銼刀拚命的刻鏤。這一切的千錘百鍊，我都毫無怨言的忍受了下來，因此才能夠成就今日莊嚴的三十二相好，接受佛弟子的禮拜恭敬。哪裡像你，人們才輕輕敲打你一下，你就一點也不能忍耐，嗡嗡地叫個不停。大磬！我們雖然同為青銅的材料，因為我們因地的修行不同，因此果位也就千差萬別，福報各有差異了。」

佛教有一首描寫石灰的詩偈：「千錘百鍊出深山，烈火焚燒莫等閒，粉身碎骨都無怨，留得清白在人間。」石灰礦從深山採挖出來之後，要經過巨斧的碎擊、烈火的冶煉，最後才能成為潔白的石灰，長留人間。一個人要成就事業，乃至完成佛道慧命，千錘百鍊的忍耐過程最為重要。小兒以啼哭為力量，國王以威勢為力量，女子以嬌嗔為力量，修行人以忍耐為力量。佛陀以其難行能行，難忍能忍的大神力，成就無上的菩提。這則譬喻啟示我們忍辱波羅蜜的可貴難行，並且告訴我們不能只看結果，而應該吸取所以成功的奮鬥過程。「要怎麼收穫，先要那麼栽。」春天如果知道播種，秋天才能有好的收成。「何意百煉鋼？化作繞指柔。」天下絕無僥倖的成功。

小狗汪汪叫

有一個青年剛剛結婚，小夫妻新婚燕爾，濃情蜜意，日子過得甜蜜極了。年輕人逢人就說結婚好，奉勸大家趕快成家，享受家庭的快樂。一個朋友聽到他老是鼓勵人結婚，終於忍耐不住問他：

「家是火宅，家是枷鎖，成家是往火坑跳，往自己身上套上木枷，結婚有什麼快樂可言？」

青年眉飛色舞，喜形於色地說：

「結婚太美妙了！過去單身的時候，我要自己煮飯洗衣。現在可不同了，我一工作下班回家，打開家門，美麗的妻子就會為我遞上一份報紙，送上一杯熱茶，報我一分甜蜜的笑容，為我穿上柔軟的拖鞋，我家中養的那條純白的鬈毛狗，就在我身前身後圍繞，汪汪叫著跳上我的膝蓋，向我撒嬌。家，實在是安頓疲憊的身心，天下最溫暖的安樂窩。如此可愛的家，我勸你趕快效法我，找個對象結婚吧！」

沉浸在新婚喜悅的青年，儼然成了婚姻介紹所，不僅自己結了婚，並且努力撮合了幾對佳偶。快樂的時光飛快地流逝，三年的歲月恍如昨日，兩個朋友在街頭上不期而遇，朋友欣喜異常地抓住青年的臂膀說：

「告訴你一個天大的好消息，我準備步你後塵，下個月我就要結婚了。」朋友以為對方一定會為自己祝福高興，只見青年鎖緊了一對濃眉，一副沒精打采的樣子。

「結婚有什麼好？傻瓜才往火宅裡鑽。」

「咦？當初不是你極力勸我趁年輕趕快立業成家的嗎？怎麼！七年之癢都未到，你的婚姻就亮起了紅燈。」

「別提了，這三年來我簡直痛苦極了。」青年痛不欲生地不願觸及心中的至痛。

「這樣好了，我要到寺院和師父商量佛化婚禮的細節，你要不要和我一起去請教師父，解開你心中的煩惱？」

隨著朋友的善意引介，青年將心中的困惑一五一十地向住持老和尚傾訴：

「三年前，我剛結婚的時候，我的太太對我溫柔又體貼，每天我回到家中總會親自送上熱毛巾、拖鞋給我，我飼養的小狗親暱地繞著我汪汪叫。但是三年後的今天，我一如往日努力負擔家庭的責任，但是我的妻子已經沒有過去的柔情。我回到家中，妻子不再為我服務，只有我的小狗善體人意地銜著拖鞋給我穿。我的妻子卻像潑婦罵街般，對我百般挑剔，罵我沒有出息，不能賺許多錢讓她揮霍，買華服珠寶，購名車洋房。每天蜀犬吠日一般，對我汪汪叫罵。師父！你說這樣的日子還有什麼樂趣可言？」

住持老和尚靜靜地聆聽青年如排山倒海的鬱悶，慈顏愛語地開導他：

「依我看來，你仍然是個很有福報的人。不管過去是太太拿拖鞋給你穿，小狗繞著你雙腿汪汪叫；現在是小狗咬著拖鞋給你穿，太太指著你汪汪叫，你始終有拖鞋穿，依樣有人對你汪汪叫，生活一點也不寂寞，不曾改變絲毫呀！你應該知足常樂。」

「喔！我並沒有失去絲毫的東西。」青年恍然大悟。

「年輕人！當環境改變的時候，我們的心境要篤定，不可隨著環境上下旋轉，更重要的是心能轉境，而不是心隨境轉。不管環境如何的千差萬變，我們的心都能夠如如不動，不隨之動搖迷惑，心便做得了自己的主人。」

住持老和尚的一席話，讓青年心開意解，每天過著有拖鞋穿，有人汪汪叫的禪悅日子。

心迷法華轉，心悟轉法華。我們的心一日之中十法界上下輪轉，如果沒有轉境的功夫，日子勢必過得很艱難痛苦。唯識說轉八識成四智，我們要把狹隘心轉為廣大心，把貪婪轉為喜捨，把瞋恚轉為慈悲，把愚痴轉為智慧，把自私轉為利他，把計較轉為包容，把迷惑轉為覺悟，把差別轉為平等，把染汙轉為清淨，把煩惱轉為菩提，轉汪汪叫的人籟為曼妙的梵樂，便是個快樂的人生。

五滴蜂蜜

一個旅人行過空曠的荒野，只見蔓草雜生，一片蕭條淒清。正行走間，突然從草叢中奔出一隻野象，發狂似地追逐過來。

旅人大驚，拔腿逃命。危急中，逃到一個荒廢的村落，看見一口乾涸的空井，井旁有一棵老枯樹，旅人忙忙抓住脆弱的樹藤垂入井中，躲過了狂象的追逐。

旅人鬆了一口氣，抬眼四望，大吃一驚，只見井壁四角各盤踞著一條毒蛇，伸出長長的蛇信，垂涎咬嚙過來。旅人使盡力氣往井底下墜，逃避毒蛇的瘴氣，一低頭，嚇得差點昏厥過去，井底竟蜷臥著一條青色毒龍，大睜著一雙血紅眼，虎視眈眈地瞪著旅人。

上有狂象，旁有蟒蛇，下有毒龍，旅人向上攀爬不得，朝下墜落不能，只好緊緊抓住枯藤，懸盪在半空中，上下搖擺，極其危險。這時又忽然跑出兩隻黑白老鼠，津津有味地啃噬著旅人賴以維命的樹藤。旅人進退維谷，千鈞一髮之際，只見一片藍天的井口，恰飛過五隻嗡嗡作響的蜜蜂，滴下五滴甘甜的蜂蜜，旅人頓時忘卻狂象、蟒

蛇、毒龍、黑白鼠的生命威脅，忘情地在枯井中搖來盪去，張大嘴巴，捕捉香冽誘人的五滴蜂蜜。

這則譬喻，記載在佛教《譬喻經》中，用象徵手法對人生提出了誡惕。空曠的荒野比喻我們生活在漫漫長夜、闇暗無光的煩惱之中，狂象好比失去理性、智慧的無明痴迷，乾涸的空井像我們的軀體，老樹枯藤是我們的命根，四條蟒蛇是有情生命的四大因素。

四大，一是堅硬性的地大，如人類的皮骨爪牙、樹木的根莖枝幹；二是潮濕性的水大，如人體的唾涕膿血、樹木的汁液水分；三是溫暖性的火大，如人體、樹木的溫度暖氣；四是流動性的風大，如人類的呼吸氣息、樹木的光合作用。世間一切有形物質都由地水火風四大所成，如果有一大不能調和，譬如人類火大不順，發燒感冒，身體便感到不舒服。「四大不調」，就是生病的意思。地水火風四大，不能單獨存在，必須假借其他因緣條件而成立，因此稱為「四大皆空」。

毒龍隱喻恐怖的死亡陰影；黑白二鼠代表白晝黑夜，晝去夜來，夜盡晝至，生命如沙漏般遞減，如樹根漸被咬嚙，乃至斷絕。五滴蜜比喻五欲，就是財、色、名、食、睡五種欲望，是世人愚痴煩惱的根源。

這則譬喻警諷世人太追逐五欲，縱然遇到老病死亡的侵逼，受到四大無常的煎迫，仍然禁不起欲望的誘惑，貪財、戀色、沽名、嗜食、好睡，大難當前，猶貪婪眼前享受，無視欲樂之後的危機陷阱，甚至因此喪身失命，也無動於衷，不知回頭轉身。佛經中另有一則譬喻：好比在鋒利的劍刃塗上一層甜美的蜜，愚痴人只看到蜂蜜的美味，而看不到劍鋒的銳利，伸舌舔食，雖然一時嗜到了甜頭，卻也割斷了舌頭，付出慘重的代價。

今日社會上那些自己不知勤奮工作，只知鋌而走險、搶劫擄綁，因為一時貪欲而鋃鐺入獄的人，不正是井中嗜蜜的愚痴人嗎？

鴨子兩條腿

有一個饕餮的美食主義者，平生的興趣就是嘗盡天下的美味佳肴，他尤其偏嗜鴨腿，說是鴨子靠兩條腿下水能游，上岸能行，肌肉矯健，是鴨子全身質感最好的地方。他聽說北京烤鴨的烹調手藝名聞遐邇，經常要太太陪著他吃遍大小的烤鴨店。太太每次為了陪他吃烤鴨，總是弄得一身疲憊，於是下定決心研究烤鴨的技藝，準備親自當爐，讓丈夫大快朵頤。

太太用心地烹調，色香味俱佳，手藝之精湛不亞於專業的廚師，從此丈夫不再到餐廳去吃烤鴨，每天回家享受太太充滿愛心的美饌。最初丈夫對太太烹飪功夫還讚不絕口，漸漸地丈夫的讚美沒有了，他只是按時回家吃飯，太太也本分地端上一盤烤鴨，滿足丈夫的口福。

有一天，迷糊的丈夫突然發現盤裡的烤鴨肉，有了不尋常的情況，他咬著汁液飽滿的鴨肉，滿嘴油膩，指著盤中的鴨腿說：

「奇怪！最近我們家上桌的鴨肉怎麼只有一條腿？」

「我們家的鴨子本來就只有一條腿。」妻子理直氣壯，不懷好氣地反駁。

「胡說！鴨子生下來都是兩條腿，我們家後院池塘中飼養的一群鴨子，當初買來的時候也是兩條腿呀！為什麼你烹煮出來的烤鴨，都只剩下一條腿呢？難道鴨腿自己會長翅膀飛走了。事有蹊蹺，我一定要弄個水落石出。」丈夫一副不罷甘休的樣子。

原來太太為了烹煮方便，避免舟車勞頓，經常往返菜市場選購鴨隻，乾脆自己在後院池塘中飼養鴨子，做個自在的養鴨人家。夫妻倆一前一後來到了花木扶疏的庭院，只見池塘中三五成群的水鴨，有的在碧波上悠然地游蕩，有的棲息在沙汀上閉著眼睛打盹。天上的豔陽高照，日正當中，有的鴨子縮著腿，躲到濃蔭的樹下享受清涼。太太指著正在睡午覺的鴨子說：

「你看！我們家養的鴨子只有一條腿。」

丈夫睜眼一瞧，原來鴨子把一隻腿縮到厚厚的毛羽裡面，舒舒服服地睡覺，從側面看起來，好像金雞獨立的勇士。丈夫不發一語，雙手大聲地擊掌：

「啪！啪！」

熟睡中的鴨子聽到突如其來的拍掌聲，驚醒正酣的美夢，紛紛放下另一條腿，一會兒潛入水中，一會兒浮出水面，一幅春暖鴨先知的美麗畫面。丈夫高興得拍掌大叫，得意洋洋地說：

「你看！我們家的鴨子明明就是兩條腿。」

「那是因為你給牠們鼓掌，因此才有兩條腿。」妻子語帶雙關地暗示著。

丈夫終於豁然開解，原來這一切都是妻子的巧妙安排。自己因為工作的忙碌，吝於給妻子讚美，只能吃一條鴨腿；給予鼓掌，鴨子就展現兩條腿給主人看，給予讚歎，才能吃到妻子烹調的兩條鴨腿。縱然是牽手一生的老夫妻，日常生活中，適當的讚美永遠不嫌多。

佛經上說：讚美入佛道。釋迦牟尼佛與彌勒菩薩曾經共同修道，釋迦牟尼佛後來比彌勒菩薩提早九劫成佛，因為釋迦牟尼佛修持讚歎法門，七天七夜隻足翹請，稱揚如來的稀有殊勝，誦持讚佛偈：

天上天下無如佛，十方世界亦無比；
世間所有我盡見，一切無有如佛者。

普賢菩薩十大願的第二願：稱讚如來。不僅要稱讚十方三世盡未來際一切諸佛，更要讚美眾生如來。佛陀累劫說真實語、柔軟語、讚美語，才能修成三十二相之一的廣長舌相；四攝法中有愛語攝，佛門說「若要佛法興，除非僧讚僧」。讚歎是最為便捷的法布施，施者不減功德，受者增長信心歡喜，何樂而不為呢？

逐臭之夫

有兩個漁夫，他們祖孫三代都以捕魚為業，兩家感情彌篤彌深，互相照顧幫忙。兩個年輕的漁夫常常聯袂出海去捕魚，有時橫渡遠洋，經年累月漂泊在浩瀚無際的海上，為的是有更豐碩的漁獲，帶給一家的溫飽。

兩人此次出海已經將近一個月了，家鄉的影子杳渺難望，竹編的魚籃裡卻始終靜靜地躺著兩條乾癟的小魚，看來今年一家人又要受凍挨餓了。兩個漁夫望著碧藍無垠的海水，喟然長嘆，汪汪淚下，心頭的鬱悶恰似那一波一波的浪潮，起落不定。

兩人正在愁苦哀嘆不已，突然撒在海中的漁網一陣急促的抽動，兩個漁夫使出全身的力量，奮力收緊漁網，只見一網的魚蝦活蹦亂跳，彷彿要跳脫出宿命的天羅地網。兩人大樂，眉開眼笑，意想不到的大豐收。駕著滿載漁貨的舟船，隨風停泊在不知名的港岸，眼看天色漸暗，潮洶浪急，兩人揹著沉重的漁筐，挨家挨戶，尋找落腳掛單的地方。他們行行復行行，來到了一個寧靜純樸的村落，裊裊的炊煙，阡陌田埂間騎牛的牧童、荷鋤而歸的莊稼漢、晒穀場上和小狗追逐嬉戲的兒童，構成一幅安詳恬適的田園圖畫。長久在海上飄蕩的兩位漁夫，有了穩定落實的歸屬感。

他們來到一戶人家，請求住宿。主人是虔誠的佛教徒，熱情地招待他們。房子雖然簡陋，粗茶淡飯，但是感覺得出主人溫暖的盛意。主人為他們準備了乾淨的房間，漿得硬挺的被單摺成豆腐似的方塊，床頭小銅爐裡點著檀香，一縷香氣郁郁菲菲地瀰漫著房間，好似「爐香乍爇，法界蒙薰」的清淨壇場。

主人道過晚安，二位漁夫把裝滿魚兒的竹籃擺在床腳，準備好好補足連日來的睡眠。更漏推移，時間一點一滴的消逝，兩人躺在潔淨的床上卻輾轉反側，難以成眠。兩人索性坐在床上對起話來：

「我一刻也睡不著，怎麼？你也沒睡呀！」

「不知怎麼的，我愈叫自己睡覺，腦袋就愈清醒。」

「這被單漿洗得太乾淨挺直，這床鋪太柔軟舒適，平日睡慣了堅硬的木板床，這一身勞碌的骨頭，真還不習慣如此的養尊處優呢！」

「最難受的是床頭那一爐檀香，薰得我腦門發脹，我們從小嗅慣了魚蝦的腥臭味道，這濃厚的香氣聞起來還真的不能適應。」

「我也深有同感，我們何不把鋪在魚簍上面的枯草擺在床頭上，讓魚腥味彌蓋住檀香味，這樣就能高枕無憂囉！」一人足智多謀地獻計。

「哇！好主意！就這麼辦！」

兩人主意已定，把沾著魚腥味的枯草放在床頭枕邊，剎時原本清香四溢的房間飄浮著噁心的腥羶。兩人深深地嗅著，好像飢餓的嬰兒，貪婪地吸吮著奶水，然後滿足地沉入夢鄉。

佛陀曾告誡阿難善知識如檀香，手指觸摸過檀香，仍然留有芬芳的馨香。友直、友諒、友多聞，善知識如大地給我們載運，如高山給我們依靠，善友的道德能感化我們，使我們的生命芳香如檀木。惡知識如魚腥，一旦沾染，久久不能去除臭味。「入芝蘭之室，久而不聞其香；入鮑魚之肆，久而不聞其臭。」眾生因為業感牽引，久薰成習，成為一種牢不可破的習氣而渾然不覺，譬如二位漁夫久已習慣腥臊的臭味，縱然有向上轉善的機緣，卻因為積習難返，依然故我。佛經上說，煩惱易斷，習氣難除。煩惱如衣服上的灰塵，容易洗滌乾淨；習氣如染上汙漬，不易潔白如初。學佛貴在薰習，把貪瞋痴的壞習氣改成慈悲喜捨的好習慣；把惡口妄語的劣根性改為念佛正信的清淨梵行，便是有智慧的人。

粒米大如山

有一對貧窮的老夫婦，既沒有兒女，也沒有謀生的技能，羸弱多病，只好乞討過生活。他們不僅家貧如洗，連居住的地方都沒有，只好棲身在廢棄的牛棚裡面。他們唯一的財產是身上那一件經年累月不離身，又髒又破、不曾洗滌的衣服。老夫妻聽說佛陀帶著一千二百五十位的聖弟子，到當地來接受供養。夫妻倆著急地商量著：

「佛陀是世間稀有難得的第一福田，如此難遭難遇的因緣，我們絕對不能錯失，總要想辦法湊出一點東西去供養。」老先生病瘦的臉龐洋溢著難得的奕奕神采。

「可是我們實在太窮了，拿不出東西來布施。」老婆婆臉上寫滿了憂慮。

「有了，我們可以把身上這件衣服供養給佛陀呀！」

「這衣服又破爛又骯髒，怎麼好意思送給佛陀呢？何況一旦布施出去，今後我們一絲不掛地如何出去乞討呢？豈不要餓死凍死在牛棚裡？」老婆婆振振有詞地表示意見。

「今生我們所以如此的貧窮，是因為過去世不知道結緣布施。春天不播種，秋天怎麼會有收成。縱然因為施捨這件唯一的破衣服而凍死餓死，我也要來生的脫離窮苦果報，種下些許的因緣種子。」

老乞丐拿著唯一的財產，羞澀地來到精舍，恰巧佛陀正和弟子們在用齋，老乞丐在門口躑躅徘徊，不敢進入。佛陀慈祥地叫他：

「老人家！你不用害怕，到我座前來。」

老乞丐跪在佛陀的座前，雙手恭敬地捧著衣服，呈獻給佛陀：

「偉大慈悲的佛陀啊！請您接受弟子卑賤的供養。」

「老人家！我滿心歡喜接受你摯誠懇切的供養，你今日的布施和恆河沙數的七寶供養，功德一樣的深厚。」

老乞丐聽了佛陀的開導，歡天喜地回去。滿座的弟子聞到衣服所散發的酸臭汗味，一個個反胃作嘔，無法下嚥，佛陀於是叫目犍連將老乞丐的衣服拿到江邊去清洗。目犍連把衣服丟入清澈的江水之中，突然波濤洶湧，濺起千丈高的雪花，氣勢滂湃，衣服如一葉扁舟在浪中載浮載沉。目犍連一驚，立即以神足通運來須彌山，發揮精衛填海的精神，希望能夠鎮住驚濤駭浪。但是當目犍連尊者把須彌山投擲在江海中，不僅無法平息滔滔浩淼的波瀾，須彌山猶如一粒石頭在水裡翻騰。目犍連趕忙跑回精舍，向佛陀請教解決之方。正在用齋的佛陀隨手挑起一粒米飯，交給了目犍連，輕描淡寫地說：

「你把這粒米飯丟在水中，看看有什麼效果？」

目犍連一臉的疑惑凝視著佛陀，卻又不便質問，只好依教奉行把米粒丟在湧動如沸湯的江水中。剎時間，如萬丈高樓的江濤突然靜如止水，彷彿一面明鏡，光鑑映影。目犍連目睹如此不可思議的景象，百思不得其解，撩起乾淨的衣服，踱回精舍，雙手合十向佛陀請示道：

「為什麼老乞丐夫婦的衣服丟在水中，波浪會如此的洶湧？為什麼須彌山無法鎮住大浪，而一粒米反而能使滾滾浪潮平靜無波呢？」

「目犍連！你不要驚訝狐疑。這件衣服外表雖然破舊汙穢，卻是老夫妻全生命的布施。他們今天供養了這件唯一可以遮寒蔽體的衣服，明日可能面臨餓餒凍死的生命危險，可是他們仍然歡喜誠心的捐獻出來。如此的布施是最清淨的無相布施，功德大於須彌山，因此四海龍王要乘風破浪前來隨喜讚歎，這就是為什麼須彌山壓不住波濤的原因。一粒小小的米，是集合宇宙的因緣所成，種子為因，加上水分、陽光、空氣、土壤、肥料、人為灌溉等助緣，才能長成纍纍的果實。因緣法是宇宙顛撲不破的真理，面對因緣所生法的真理，龍王深知要謙卑禮敬，這就是一粒米所以能使波瀾壯闊的江水平靜如古井的道理。弟子們！你們要明白因緣的真諦啊！」佛陀老婆心切的教示座下千百位弟子。

「佛觀一粒米，大如須彌山，汝若不了道，披毛戴角還。」印度人的宇宙觀以須彌山為中心，因此一座須彌山代表一個三千大千世界。一粒小小的米，其中的功德福報和須彌山——一個三千大千世界一樣深遠高大，不可輕易糟蹋，並且要以感恩、惜福的心來領受。「心田事不同，功德分勝劣。」一個清淨心、恭敬心的無相布施，布施的東西雖然不貴重，但是功德卻比恆河沙數的七寶供養還要轉大。因此，從佛法來看，世間上大的不一定大，小的也不一定小，有時一比多還要大，我們的心量有多大，世界就有多大。

國家圖書館出版品預行編目(CIP)資料

人間巧喻 / 依空法師著. -- 二版. -- 高雄市 :
佛光文化事業有限公司, 2025.04
288面 ; 14.8X21公分. -- (藝文叢書 ; 8077)
ISBN 978-957-457-846-7(平裝)

224.515　　114003185

人間巧喻

作　者｜依空法師

總編輯｜滿觀法師
責任編輯｜如道法師
美術編輯｜鄭媄嫣
插　畫｜慧人法師

出版者｜佛光文化事業有限公司
出版日期｜2025年4月二版一刷
印　刷｜中茂分色製版印刷事業股份有限公司
經　銷｜紅螞蟻圖書有限公司
(02)27953656

流通處｜
佛光山文化發行部
高雄市大樹區興田路149號
(07)656-1921 #6664~6666
佛光山文教廣場
高雄市大樹區興田路153號
(07)656-1921 #6102
佛陀紀念館四給塔
高雄市大樹區統嶺路1號
(07)656-1921#4140~4141
佛光山海內外別分院

創辦人｜星雲大師
發行人｜心培和尚
社　長｜滿觀法師

法律顧問｜毛英富律師、舒建中律師
登記證｜行政院新聞局版台省業字第862號

定價｜360元
ISBN｜978-957-457-846-7（平裝）
書系｜藝文叢書
書號｜8077

劃撥帳號｜18889448
戶　名｜佛光文化事業有限公司
服務專線｜
編輯部 (07)6561921 #1163~1168
發行部 (07)6561921 #6664~6666

佛光山文化書城｜
http://www.fgsbooks.com.tw
佛光文化 Facebook｜
http://www.facebook.com/fgsfgce